盈余管理：理论·方法·案例

吴德军 著

中国财经出版传媒集团
中国财政经济出版社

图书在版编目（CIP）数据

盈余管理：理论·方法·案例／吴德军著．—北京：中国财政经济出版社，2017.9

ISBN 978-7-5095-7768-4

Ⅰ.①盈…　Ⅱ.①吴…　Ⅲ.①企业利润-高等学校-教材　Ⅳ.①F275.4

中国版本图书馆 CIP 数据核字（2017）第 243766 号

责任编辑：樊清玉等　　　　　　　　责任校对：张　凡
封面设计：王　颖　　　　　　　　　版式设计：录文通

中国财政经济出版社 出版

URL：http://ckfz.cfeph.cn
E-mail：cfeph@cfeph.cn

（版权所有　翻印必究）

社址：北京市海淀区阜成路甲 28 号　邮政编码：100142
营销中心电话：88190406
天猫网店：中国财政经济出版社旗舰店
网址：https://zgczjjcbs.tmall.com
北京财经印刷厂印刷　各地新华书店经销
710×1000 毫米　16 开　12 印张　230 000 字
2017 年 9 月第 1 版　2017 年 9 月北京第 1 次印刷
定价：56.00 元
ISBN 978-7-5095-7768-4
（图书出现印装问题，本社负责调换）
本社质量投诉电话：010-88190744
打击盗版举报热线：010-88190414　QQ：447268889

前　言

本书是笔者多年专注于盈余管理研究和教学的感悟汇编。自 2009 年踏入盈余管理研究领域，对此话题不能自拔。在数篇研究论文、案例论文、指导研究生学位论文面世或被评优之后，在历经八年的课堂教学和无数次专业培训课程历练之后，终于能将笔者在盈余管理研究和教学领域的心得整理成书。本书主要阐述盈余管理的方法与识别，以求能为通过公开信息识别盈余管理行为提供参考，为投资者和债权人识别盈余管理、监管机构加强盈余管理防范与治理以及准则制定机构优化会计准则提供一些思路。

本书内容共分五个部分。第一部分是研究引入和文献综述，介绍盈余管理研究的背景与意义，并对近年来国内外顶级期刊中的相关文献进行梳理和评述。第二部分是盈余管理基础理论研究，阐述盈余管理的概念、动机和表现形式。第三部分是盈余管理的方法，分析收入操控、存货操控、固定资产操控、无形资产操控、股权操控、资产减值操控、资产交换操控、债务重组操控、借款费用操控、政府补助操控、或有事项操控和其他项目操控等十二种操控手段。第四部分是盈余管理的识别，从利润表、资产负债表、现金流量表、表外四个路径归纳出 100 个操控疑点，进行针对性的疑点分析。第五部分是综合案例，精选四个综合案例，从不同角度探讨盈余管理的动机、识别与后果。

1 套识别体系，3 类操控方法，12 种操控手段，100 个操控疑点，40 个案例支撑。在教师节之夜，书稿终于完工。感谢恩师唐国平教授将我引入盈余管理研究领域，感谢中南财经政法大学会硕中心《会计准则与盈余管理》课程建设支持，感谢农业银行、光大银行、农发行、兵器工业集团、大庆油田等课程培训中学员给我的启发，感谢我的研究生王刚、杜莉、马凯及本科生陈光与我共同开发案例，感谢我的研究生郭君宇、朱凯、朱玉珺及本科生范瑶嘉帮我校对修稿。

特别感谢中国财政经济出版社会计分社樊清玉社长对我的鼎力支持与帮助，使得本书能尽早与读者见面。

时间与能力原因，本书定有众多不足之处，我当时刻反思，以求不断完善。

吴德军
2017年9月10日于南湖

目 录

第一章　盈余管理研究概述 …………………………………………（1）
　第一节　选题背景与研究意义 ……………………………………（1）
　第二节　文献综述 …………………………………………………（3）
　第三节　研究内容与方法 …………………………………………（22）

第二章　盈余管理的基本理论 …………………………………………（24）
　第一节　盈余管理的相关概念与分类 ……………………………（24）
　第二节　盈余管理的动机 …………………………………………（32）
　第三节　盈余管理的形式 …………………………………………（46）

第三章　盈余管理的方法（一）——高频方法 ………………………（50）
　第一节　收入操控 …………………………………………………（50）
　第二节　存货操控 …………………………………………………（58）
　第三节　固定资产操控 ……………………………………………（64）
　第四节　无形资产操控 ……………………………………………（69）
　第五节　股权操控 …………………………………………………（71）
　第六节　资产减值操控 ……………………………………………（75）

第四章　盈余管理的方法（二）——低频方法 ………………………（78）
　第一节　资产交换操控 ……………………………………………（78）
　第二节　债务重组操控 ……………………………………………（81）
　第三节　借款费用操控 ……………………………………………（83）
　第四节　政府补助操控 ……………………………………………（85）
　第五节　或有事项操控 ……………………………………………（88）
　第六节　其他项目操控 ……………………………………………（90）

第五章　盈余管理的识别 …………………………………………（93）
第一节　盈余管理识别方法 …………………………………（93）
第二节　利润表疑点分析 ……………………………………（98）
第三节　资产负债表疑点分析 ………………………………（107）
第四节　现金流量表疑点分析 ………………………………（112）
第五节　表外疑点分析 ………………………………………（115）

第六章　盈余管理综合案例分析 …………………………………（118）
第一节　民营企业政治关系与盈余管理：SY 案例分析 ……（118）
第二节　ESOP 与盈余管理：KZ 案例分析 …………………（131）
第三节　港股通与盈余管理：HN 案例分析 …………………（144）
第四节　会计估计变更与盈余管理：HT 酒业案例分析 ……（161）

主要参考文献 ………………………………………………………（173）

第一章

盈余管理研究概述

第一节 选题背景与研究意义

曾经和一位上市公司的财务总监饮酒聊天，他说：如果我想调整一个亿的利润，非常容易。听闻此语，颇为震惊：利润调整那么简单？肆意操控有无恶果？

2017年3月24日，港股辉山乳业直线暴跌85%，投资者损失惨重。2016年底，浑水[①]曾两次发布报告做空辉山乳业，质疑其存在财务欺诈行为，利润造假[②]。恶行终有恶报，虚假信息猛于虎，投资者该何去何从？

利润是企业财务报告中一种重要的会计信息，备受信息使用者关注，很多信息使用者将利润作为决策制定最重要的关键信息，例如：是否进行并购、是否进行投资、是否发放贷款、是否通过考核，等等。这些决策者希望获得企业纯净、天然的会计信息，希望企业的会计信息真实、公允、能够准确反映企业的现实情况，希望企业的利润数字不受任何操控。

然而，利润高，可以上市、增发、配股，可以赢得银行青睐、获得贷款，可以通过考核、增加奖金、提升职位，等等，利润给企业带来了极大的诱惑。由于巨大的利益驱动，无法通过正常努力达到目标的公司，就会有动机来根据自身的需求操控利润数字。

对利润数字的操控导致了"盈余管理"的产生。盈余管理是指企业管理人员通过有目的地控制对外财务报告过程，以获取某些私人利益的"披露管理"（Schipper，1989）。企业的盈余管理行为影响了信息使用者的决策效果，错误决

---

① 浑水（Muddy Waters Research）是一家私有投资公司，它主要曝光公司（主要是中国在美上市中概股，也有亚洲、欧洲、北美其他国家的公司）的虚假财报和欺诈行为，创始人为Carson Block。

② http://money.163.com/17/0324/11/CG9RLOJL0025813E.html

策由此而生：劣质企业上市圈钱，股票崩盘时有发生；虚假财报骗取贷款，信贷资金损失惨重……

因此，本书希望通过对企业进行盈余管理的操纵方法和识别技术进行研究，实现以下目标：

一是有助于投资者、债权人等信息使用者提高决策质量。如前所述，股东、银行等企业的会计信息使用者在做出投资决策、贷款决策时，会计信息是其决策制定的主要依据之一。在企业所披露的会计信息中，信息使用者往往对企业的盈余数字最为敏感，如是否盈利、盈利多少、盈利的增长性等。而作为接受资金的一方，企业在面临巨大的融资诱惑或业绩压力时，有足够的动机运用盈余管理来通过筹资的门槛或为提高筹资数量而美化业绩。此外，管理层薪酬、职位等亦会诱使企业盈余管理行为的发生。通过对盈余管理的操纵方法和识别技术进行研究，可以使信息使用者充分了解企业进行盈余管理的动机和可能，掌握识别企业盈余管理的方法，从而辨别企业会计信息质量，尤其是盈余质量的高低，做到正确投资、合理贷款、有效激励、优化高管团队等提高决策质量的效果。

二是有助于增强会计监管的效力。从证监会来看，现有上市制度中仍然存在明显的业绩诱因。为了甄选优质企业上市、保护投资者利益，证监会对拟上市公司一直有着较强的财务业绩要求，从早期的加权平均净资产收益率10%、6%到现在的连续三年盈利以及采用剔除非经常性损益后的口径进行业绩衡量，体现了监管机构对企业财务业绩以及业绩质量的重视。更重要的是，股票发行价格与企业业绩存在天然的联系，业绩好，发行价格就高，募集资金多。上市之后的监管也与业绩存在较强的联系，例如，两连亏之后的"ST"风险警示，三连亏之后的暂停上市，四连亏之后的退市等，导致了企业强烈的利润操控动机。基于这些操控动机，本书所探索总结的利润操控识别方法和技术，能够更快速有效的发现公司操控利润的迹象，有助于监管机构和会计师事务所更快速有效的进入深层次的细致核实和取证，提高监管效力。在此之中，也可以对现有的监管制度提供一些改进的思考，如："ST"条件、暂停上市条件、退市条件、股票定价规则等。

三是有助于完善会计准则。企业的盈余管理行为，主要是利用会计准则的弹性或漏洞来实现对利润的操控。会计准则在赋予会计人员职业判断选择的同时，也给企业操控利润留下了空间。另外，有些会计准则本身的缺陷更可能导致企业盈余管理行为的发生。本书在总结分析企业的盈余管理行为时，将主要通过对会计准则空间和漏洞的分析，结合企业可能的操控行为，在揭穿企业操控利润行为的同时，揭示现行会计准则中留下的利润操控空间和漏洞，从而有助于准则制定机构对会计准则进行完善。

第二节 文献综述

通过 Wiley、Springer、EBSCOhost、ScienceDirect、JSTOR、中国知网等中外数据库，本书对国内外与盈余管理有关的文献进行了搜集和梳理[①]，相关文献的内容可以大致分类为盈余管理的影响因素、盈余管理的经济后果以及盈余管理的其他研究等三个方面。

一、盈余管理的影响因素研究

（一）融资动机下的盈余管理

在 IPO[②]、增发配股[③]、银行借款等融资申请中，监管机构或债权人通常对融资企业的业绩有明确的要求，或者融资企业为了获取更高的融资额，常常会进行盈余管理，通过上调利润来达到目的。

1. 常见的是 IPO 中企业存在明显的盈余管理。企业为了能够顺利的上市，会在 IPO 前一年通过一些非正常的途径达到要求，比如大幅度变更坏账计提比例、固定资产折旧等操纵手段调高公司净利润（Abbyabbie 等，1993）。Teoh 等（1998）也发现了企业 IPO 前盈余管理、IPO 之后业绩滑坡、应计利润转回的证据。IPO 前的盈余管理在中国更为显著，Chen 和 Yuan（2004）研究发现，许多中国上市公司通过对非经营性损益的操控获得了上市资格，这些公司在 IPO 之后的业绩明显低于其他上市公司。林舒和魏明海（2000）也发现，A 股发行公司的报告收益在 IPO 前 2 年和前 1 年处于最高水平，IPO 当年显著下降而非继续上升或略微下降。

2. 股票增发、配股时，企业同样存在上调利润的情况。Kothari 等（2016）研究发现，企业的盈余管理导致了股票增发时价值的高估，当企业使用真实盈余管理调整利润时，如减少研发费用支出（R&D）、减少销售与管理费用（SG&A）

[①] 在整理文献时，本书特别重视顶级学术期刊文献（如会计领域的 AR、JAR、JAE、RAS、CAR、AOS、JAPP、JAAF 等，财务领域的 JF、JFE、RFS、JFQA、RF、JBF、JCF 等）以及近期文献（主要偏近 10 年的研究文献），以求综述内容尽量体现高层次、权威性、时效性。另外，本书文献综述的目的主要在于通过已有文献揭示学者对某个角度内容的已有发现，没有罗列各个角度的全部文献。因此，其他期刊中的文献和过往的文献可能有所不全。而且，由于本人时间、能力和精力所限，所述文章定会存在遗漏，请读者包容。

[②] IPO 是 Initial Public Offerings 的缩写，即首次公开发行，是指一家股份公司第一次将它的股份向公众出售以获取募集资金，也就是通常所说的"上市"。

[③] 增发配股在英文文献中即 SEO，是 seasoned equity offering 的缩写，也就是"股权再融资"。

等，其增发后股票的市场表现很差。

3. 获取银行贷款、避免债务违约也是常见的融资角度的盈余管理动机。Watts 和 Zimmerman（1986）提出了债务契约假设，即在其他条件不变的情况下，企业偏离债务条款的程度越大，管理者通过选择会计政策将未来盈余调节到当期的可能性越大。Defond 和 Jiambalvo（1994）发现，当公司即将出现违约或实际上已经违约时，管理者就会通过某种手段进行盈余管理，以避免违约可能带来的损失。

4. 债券融资中同样存在盈余管理。上市企业在债券发行中存在着强烈的盈余操纵动机，吕怀立（2017）采用我国沪深 A 股市场的债券融资数据，研究发现债券融资增量越高的企业，其利润操控越多；另一方面，债券具有一定程度的监督作用，债券融资存量越高的企业，其利润操控越少。马榕和石晓军（2016）研究了信用评级对应计盈余管理和真实盈余管理的敏感性，发现应计盈余管理对中国债券的信用评级有显著的正向影响，尤其是监管较少的短期融资券市场尤为严重。这意味着中国债券信用评级的甄别能力弱，不能排除盈余管理等污染信息的干扰。

5. 企业债务违约前后特点不同，盈余管理方向存在差异。例如，Jha（2013）在研究企业在债务违约前后的盈余管理行为时，发现了盈余管理方向的差异，企业在违约前的季度中进行了向上的盈余管理，以避免违约发生，但是在发生违约之后，却又进行了向下的盈余管理。Franz 等（2014）则发现，临近贷款违约的公司比远离贷款违约的公司有更强的动机进行盈余管理，这些公司的应计盈余管理、真实盈余管理以及总盈余管理的水平更高。

（二）董事会特征对盈余管理的影响

董事会作为公司的决策机构，其不同特点对公司的盈余管理行为会产生不同的影响。

1. 独立董事的不同特点影响盈余管理行为

（1）独立董事薪酬方式影响盈余管理。Ye（2014）发现，不同于美国多数上市公司为独立董事发放股票薪酬，中国的上市公司向独立董事仅发放现金薪酬，然而，独立董事的现金薪酬与公司盈余管理程度存在显著的正相关关系。这说明，过高的现金薪酬导致了独立董事的独立性降低，对财务报告的监管变弱。

（2）独立董事的独立性影响盈余管理。Chen 等（2015）发现，2003 年美国证监会改革监管制度，要求上市公司的独立董事比例应该达到一半以上，以加强独立董事的监督力量。在此之后，不合规公司（改革前独立董事比例未达到二分之一的）在信息获取成本[①]较低的情况下，盈余管理显著下降。说明独立董事的监督作用在更充足的信息环境下起到了更有效的作用。Prencipe 和 Bar‑Yosef（2011）也研究了董事会独立性对盈余管理的影响，发现在家族企业中，董事会独立性（以独立董事比例来衡量）、CEO 和董事长两职分离对于盈余管理的影响较弱。而且，如果 CEO 是家族成员时，这种影响更弱。

（3）独立董事日常工作地点影响盈余管理。上市公司独立董事日常工作所在地与上市公司所在地相同与否对公司盈余管理存在影响，既关系到监管部门对独立董事异地化公司的监督，也关系到对独立董事的任用和甄选。黄芳等（2016）发现，由于独立董事在本地任职更容易获取信息，而异地任职获取信息更困难，不利于对企业的监督，因此，独立董事本地化可以提高上市公司的盈余质量，降低盈余管理。

（4）独立董事声誉影响盈余管理。黄海杰等（2016）研究了中国上市公司独立董事声誉对盈余质量的影响，发现会计专业独董的声誉对企业盈余质量有着显著的正向影响，并且这种影响在受聘于大股东掏空严重、低市场化进程地区企业和担任审计委员会主席的高声誉会计专业独董上更为明显。

2. 盈余管理会由于"连锁董事"[②]而具有传染效应。Chiu 等（2013）研究发现了连锁董事导致的不同董事会之间盈余管理行为的"传染"效应，如果公司与另一家正在进行盈余管理的公司共享一位董事，那么这家公司也更可能进行盈余管理。反之，如果公司与另一家没有进行盈余管理的公司共享一位董事，那么这家公司进行盈余管理的可能性也更低。

3. 审计委员会的特点影响盈余管理

审计委员会作为公司董事会负责财务报告的专门机构，其特点会对公司盈余管理产生影响。

（1）审计委员会的专业知识和经验能够降低盈余管理。Badolato 等（2014）研究发现，审计委员会的财务专长会导致企业较低的盈余管理。潘珺和余玉苗（2017）利用创业板公司 2011—2013 年的数据实证考察了审计委员会的治理作用及其有效性的影响因素，研究发现，审计委员会独立性越强，即非执行董事比例越高，公司的应计盈余质量越高；审计委员会中具有会计审计实务经验的成员或行业专家成员越多，越能提升公司的应计盈余质量。存在更多熟悉会计准则成员时更有助于提高财务报表可靠性。而对审计委员会召集人履职状况的研究又发

---

① Information acquisition cost，该文参考 Anderson 等（2009）的方法，建立信息得分（information score）来度量信息获取成本。

② Board Interlocks，或者 Shared Directors。连锁董事是指同时参加两个或两个以上的多个企业的董事会的董事。

现，召集人影响力大有利于抑制公司的应计与真实盈余管理行为。

（2）审计委员会的职务交叉影响盈余管理。邓晓岚等（2014）发现，审计委员会与薪酬委员会的职位交叠程度越高，公司盈余管理越严重；在经理人薪酬水平较高或内部薪酬差距较高的公司中，两个专业委员会的交叠任职与盈余管理的正相关性更强，经理人"薪酬—操纵性盈余"敏感性也更高，说明经理人可能与交叉任职的董事合谋来操纵会计盈余质量，进而攫取更高的机会主义薪酬。

4. 董事会讨论信息的透明度会影响公司的盈余管理行为。在 Rose 等（2013）进行的一项有 72 名公司董事参加的实验研究中，当公司董事会讨论的透明度增强时，尽管盈余管理有可能增加利润、导致持股董事受益，但是，由于信息透明度较高，持股董事迫于公司盈余管理被外部识别的压力，更倾向于反对管理层的盈余管理行为。

（三）与 CEO 等高管有关的盈余管理研究

公司高管（尤其是 CEO）负责公司的经营管理，无论是其主观的薪酬和职位动机，还是其自身的一些客观特征等，都会与公司的盈余管理行为存在直接的关联。

1. CEO 奖金计划影响盈余管理。Healy（1985）研究发现，由于奖金计划的存在，公司 CEO 会利用操控性应计项目进行盈余管理。从薪酬的角度来看，CEO 进行盈余管理的目的是通过提高利润来获取高额奖金，而奖金计划中的非财务绩效指标设计可以降低盈余管理。Ibrahim 和 Lloyd（2011）发现，同时使用财务业绩手段（Financial Performance Measures，简称 FPMs）和非财务业绩手段（Non – Financial Performance Measures，简称 NFPMs）的公司，操控性应计利润更低，更少的进行了向上的盈余管理。

2. CEO 等高管在其不同任期时刻会有不同的盈余管理动机和行为。Geiger 和 North（2006）研究了公司 CFO 变更前后操控性应计项目的变化，发现 CFO 变更的前一年公司经营业绩大幅上升，正向的操控性应计项目大幅上升，而在 CFO 变更的后一年，公司业绩大幅下降，反向的操控性应计项目大幅上升。Ali 和 Zhang（2015）研究了 CEO 在其任期过程中进行盈余管理的动机，发现 CEO 在任职早期和任职的最后一年更容易进行高估利润的盈余管理，但在更强的内外部监管环境下，这种操控会减弱。这些结果说明，CEO 试图在早期市场不确定时，造成市场对其能力的有利影响。苏文兵等（2013）发现我国上市公司在 CEO 变更当年进行显著的负向盈余管理，调低利润；在变更次年进行正向盈余管理，调高利润，并进而恢复到变更前一年的水平；其中外部继任在继任当年的负向盈余管理程度更大，而在继任次年的正向盈余管理程度更大；并且来自大股东的外部继任与内部继任企业之间的盈余管理政策类似，但来自经理人市场的外部继任与内部继任企业之间的盈余管理政策有明显差异。

3. CEO 与 CFO 任期交错能够降低公司的盈余管理。姜付秀等（2013）研究发现，CEO 与 CFO 任期交错能够降低公司的盈余管理水平；两者任期错开的时间越长，该影响越大。同时，CEO 和 CFO 任期交错只对公司正向盈余管理有影响，而对负向盈余管理的影响并不显著。这种影响的原因是：由于和任期交错会导致他们相互排斥，降低交流频率和凝聚力，从而使他们在决策时不容易达成一致意见。这样，当提出盈余管理需求时，配合意愿会下降，进而可能会导致公司盈余管理程度降低。

4. CEO 的声誉会影响盈余管理。Malmendier 和 Tate（2009）发现，"超级明星" CEO 在获得荣誉之后，其精力开始转移，大量参加公司外部的公众或私人活动，如担任其他公司的独立董事、写书等，从而会影响公司绩效，这最终导致了获得"超级明星"荣誉之后，公司的盈余管理显著增加，而且这种盈余管理的增加在公司治理弱的情况下最为明显。杨俊杰和曹国华（2016）也证实了这一结论。

5. CEO 或 CFO 等高管持股也会对公司的盈余管理行为产生影响。Armstrong 等（2013）研究发现，CEO 的财富与对股价变动的敏感性（portfolio delta）将可能导致正向的"回报效应"（reward effect）和负向的"风险效应"（risk effect）。然而，CEO 财富对风险变化的敏感性（portfolio vega）却毫无疑问是一种正向效应。CEO 持股导致了其有动机操控利润。公司股票价值的高估（overvaluation）会使得持股的 CEO 财富增加，因此他们有动机来保持股票价值的高估。Badertscher（2011）研究发现，公司股票价值被高估的时间越久，盈余管理的程度则越高，方式则越差，更容易采用非 GAAP 形式的利润操控。而且，在股票价值被高估的早期，CEO 采用应计盈余管理，而在后期，采用真实盈余管理，以维持高估的权益价值。杨星等（2016）发现，公司定向增发当年存在正向盈余管理行为；当向机构增发时，增发后一年（增发股解锁年）存在正向盈余管理，而当向大股东增发时，增发后第三年（增发股解锁年）存在正向盈余管理。增发组与对照组在增发股解锁年的账面业绩不存在显著差异，公司盈余管理行为可能是为了掩饰实际业绩的下滑。李晓玲和刘中燕（2016）发现，我国上市公司的股权激励制度激发了 CFO 的盈余管理行为，显著提高了上市公司的盈余管理水平。与非国有控股企业相比，国有控股企业 CFO 持股对盈余管理的影响更为显著，且 CFO 持股与正向盈余管理之间存在显著的正相关关系，与负向盈余管理之间无显著关系。吴德胜和王栋（2015）以公告股权激励方案的中国上市公司为样本，对股权激励公告前的盈余操纵进行了分析，发现在股权计划草案公告前操控性应计显著为负并有下降的趋势,表明激励公司进行了向下的盈余管理,以达到降低股票期权行权条件或限制性股票的解锁条件。游春晖和厉国威(2014)发现,上市公司中确实存在以配合高管减持为目的的盈余管理行为,减持事件加大了公司正向盈余管理的概率;高管减持幅度越大,公司正向盈余管理的程度也越强;进一步区分高管与董事长两职合一情况后发现,两职合一的上市公司较两职分离的上市公司,其盈余管理的程度更强。

6. 离职金协议会降低盈余管理。CEO 与公司签订的离职金协议会对公司的盈余管理行为产生影响。离职金协议(Severance Agreement)是一种重要的薪酬设计,在 2009 年,标准普尔 500 中的公司离职金平均额甚至达到了其年度工资和奖金的 9 倍之多。由于通常公司在签署离职金协议时,都会在其中规定一些限定性条款,例如财务违规之后的严格惩罚条款(如果发生财务欺诈,将会取消离职金支付),因此震慑了 CEO,降低了盈余管理(Brown,2015)。

7. 薪酬"收回条款"的存在影响盈余管理。CEO 薪酬设计中,有一种称为"收回条款"(Clawback),当公司发生财务欺诈时,CEO 的薪酬将会被收回,这种条款降低了财务欺诈,提高了投资者对公司盈余信息的信心。当公司设置收回条款时,公司发生财务重述的情形显著下降(Chan 等,2012),CEO 更倾向于采用降低研发支出等真实盈余管理手段来操控利润(Chan 等,2015)。

8. CEO 内部债的存在会影响盈余管理。内部债(inside debt)是指以养老金或递延薪酬的方式支付 CEO 的报酬。当内部债存在时,由于担心操控利润可能导致外部利益相关者的审查和质疑增加,进而会影响资金的获取,最终导致企业价值下降和债务违约,这会使其未来的债务薪酬存在风险,因此如果 CEO 内部债越多,他们会更注重财务报告质量,更少的进行盈余管理(He,2015)。

9. CEO 心理因素会影响盈余管理。Brown(2014)的实验研究发现,参与实验的小幅度盈余管理者会合理化其盈余管理行为。受试者在发现极坏的盈余管理行为时,会通过一种心理上的"优势比较"(advantageous comparison)机制来合理化其盈余管理行为,认为自己的盈余管理行为是相对无害的、是合理的,这导致了盈余管理随着时间积累而风险增加。

10. 高管的人口统计特征影响盈余管理。刘睿智(2017)发现,管理者年龄与盈余管理程度显著负相关;管理者学历与正向盈余管理负相关,但是与负向盈余管理正相关。杜兴强等(2017)发现,女性高管比例与盈余管理之间存在倒 U 型关系,说明女性高管影响公司的领导风格和决策过程,从而对盈余管理行为产生不对称性影响。

(四) Meet or Beat 的相关研究

盈余管理的一个重要目的是达到或超过某个既定目标（Meet or beat the target）。Meet or Beat 的研究常常体现在迎合分析师目标、达到债券评级目标以及其他业绩目标等。

1. 达到分析师目标。大量文献印证了企业通过盈余管理来达到分析师预测的盈利数据，例如，Hribar 等（2006）发现企业通过大量的股票回购来降低股数，从而提高每股收益，以达到分析师的盈利预测目标。Barua 等（2010）提出并验证了企业通过利润分类转移的方法实现盈余管理的假设，发现企业通过将经营性费用转入非持续经营项目，从而提高了核心收益（core earnings），迎合或超越了分析师预期。

2. 达到信用评级线。Brown 等（2015）在研究美国标普制造业公司时发现，处于投资—投机分界线边缘的样本公司（即 BBB 级和 BB 级），选择最为激进的实际经营活动进行了向上的盈余管理，而信用评级机构并未对其真实活动盈余管理产生的利润做出折扣。

3. 达到业绩承诺目标。始于 2005 年的股权分置改革，使得大量持有非流通股的控股股东为了获得流通权，向中小流通股股东做出业绩承诺，如果达不到业绩目标，将需要向中小流通股股东做出补偿。Hou 等（2015）研究发现，业绩差的公司有更强的动机来调整利润以达到所承诺的业绩目标，签署补偿协议的公司会进行盈余管理以达到业绩目标，违约成本高的公司进行盈余管理的程度更为激进，而且依靠盈余管理达到业绩目标的公司在达标后年度显示出了更差的业绩。

4. 盈余预测和现金流预测同时发布时，企业的财务透明度更高，盈余管理的难度加大。McInnis 和 Collins（2011）发现，当盈余预测和现金流预测同时发布时，企业利用应计利润进行盈余管理的可能性下降，而转向真实盈余管理的操控来达到分析师预期。

(五) 公司特征对盈余管理的影响

不同公司的不同特点对公司的盈余管理有着很大影响。

1. 公司所有权结构影响盈余管理。Ben–Nasr 等（2015）利用来自 45 个国家的 350 个公司数据研究发现，政府为了掩饰其在国有股公司中的资源占用等原因，更容易诱使企业进行盈余管理，而外国投资者由于需要更高的信息透明度来防止内部人掏空公司资源，更能够遏制盈余管理。

2. 公司地理分散度影响盈余管理。Shi 等（2015）研究发现，地理分散度越高的公司，其投资者识别度越高，机构投资者越多，分析师关注越多，媒体关注越强，从而导致了更强的公众关注，因此，地理分散度高的公司更不会采用容易被外界识别的应计盈余管理，而是倾向于采用更隐蔽的真实盈余管理。

3. 不同生命周期的盈余管理特点不同。Nagar 和 Radhakrishnan（2017）发现，整体来看，成熟期的企业通过减少操控性支出的真实盈余管理报告了微利的财务业绩，但处于初创期和成长期的企业却没有这么做。王云等（2016）则发现了不同的证据：相对成熟期，成长期和衰退期都正向影响应计与真实盈余管理；相对于成熟期，随着负债的增加，成长期企业倾向减少应计盈余管理，但衰退期企业会增加更为隐蔽、成本更高的真实盈余管理方式。

4. 上市公司比非上市公司更可能进行盈余管理。需求假设（demand hypothesis）认为，上市公司面临投资者和债权人等高质量会计信息的需求，更不容易进行盈余管理以降低盈余质量。机会主义行为假设（opportunistic behavior hypothesis）认为，由于面临迎合分析师预测等压力以及公司经理自身持股带来的个人财富与公司股价的关联等原因，上市公司比非上市公司更容易进行盈余管理。Givoly 等（2010）的研究证明了机会主义行为假设，发现上市公司比非上市公司更容易进行盈余管理，盈余质量更低。

5. 公司的风险资本能够遏制盈余管理。Lee 和 Masulis（2011）发现声誉好的风险资本（VC）和投资银行（IB）选择的公司盈余管理更少，特别是当声誉更好的 VC 和 IB 同时存在时，公司的盈余管理显著下降，这说明 VC 和 IB 的声誉之间是一种互补关系，而不是替代关系。Wongsunwai（2013）发现，上市之后，有高质量风险投资（VC）注入的企业表现出了更低的应计盈余管理和真实活动盈余管理水平，而且发生财务报表重述的可能性更低，说明风险资本能够增强公司治理，遏制盈余管理，限制了企业的财务报告机会主义行为。

6. 公司间会计可比性影响盈余管理方式的选择。Sohn（2016）发现，当企业的会计可比性高时，企业对外更透明，投资者、分析师、监管机构等利益相关者的信息获取成本更低，能够通过公司同行的信息更准确地评价企业的真实经营绩效，因此，企业通过应计盈余管理调增利润的空间缩小，但会转向更隐蔽的真真实活动盈余管理。

7. 公司产品市场能力影响盈余管理。产品市场能力（即产品市场定价能力）能够给企业带来诸多好处，如提高边际利润、增强财务灵活性等。Datta 等（2013）发现，产品市场能力弱的企业更可能通过盈余管理来提升利润以应对激烈的市场竞争，而产品市场能力强的企业的盈余管理水平则较低。

8. 公司研发活动影响盈余管理。由于研发活动导致企业的盈余波动性加大，管理者会尽力去避免这一波动。Shust（2015）发现，企业研发强度越大，其应计项目盈余管理的程度越高。

9. 公司账税一致性（Book-tax conformity）对盈余管理的影响出现了两种结果。Desai（2005）认为账税一致性减少了管理层的选择空间，增加了利润操控的难度，他以美国企业为样本，发现账税一致的公司的盈余管理更少。而 Blaylock 等（2015）以 34 个国家的多国样本数据进行研究，却发现了相反的证据，账税一致性越高，盈余管理越多，而不是越少，他们将此现象的原因解释为：账税一致使得信息发生了损失，外界无法通过账税一致这种方法来发现盈余管理，因此增加了盈余管理的可能。

10. 公司 ERP 系统的实施能够降低盈余管理。陈宋生和赖娇（2013）发现，ERP 的技术先进性为企业操控利润创造了便利，因此 ERP 的使用助长了企业的盈余管理行为。而袁蓉丽等（2017）的研究却发现了相反的证据，使用 ERP 的企业盈余管理水平更低，他们的理由是，ERP 使得信息的处理和传递更及时，而且管理层在 ERP 系统下篡改数据更困难，并容易留下篡改痕迹，因此降低了管理层操控利润的可能性。

11. 公司诚信文化的存在能限制盈余管理。"诚信"的企业对自身行为有较高的道德标准，反对自私利己的机会主义行为，而盈余管理的存在主要是由于管理层的自利动机，即为了获得高额薪酬，保护自己的职位等，因此，建立"诚信"文化的企业可能有更少的机会主义行为，盈余管理的水平可能会更低。姜付秀等（2015）提供了上述观点的经验证据。

（六）外部环境对盈余管理的影响

企业所处的地理、宗教、语言等外部环境，导致其盈余管理特点存在不同。

1. 同行或邻近公司的盈余管理具有传染效应。Kedia 等（2015）发现，盈余管理存在传染效应，当同一行业或邻近的其他公司公告发生财务重述时，企业更容易进行盈余管理，而且企业会利用相同的账户进行盈余管理，会在更大的公司发生财务重述时进行盈余管理，会在重述公司的操控行为不严重时进行盈余管理。

2. 宗教信仰影响盈余管理。宗教信仰是人的道德和伦理行为的主要来源之一，它能够对利润操控行为起到一定程度的遏制作用。Kanagaretnam 等（2015）发现，宗教信仰与避亏和迎合利润目标中的向上盈余管理负相关，宗教信仰高的地区的样本银行操控异常贷款损失准备的行为更少。McGuire 等（2012）也发现，公司总部所处区域的宗教社会标准越强，公司的盈余管理水平越低。

3. 语言环境影响盈余管理。Kim 等（2017）使用 38 个国家的数据，根据语言对时间的解码，从"对未来时间的表达"（future-time reference，FTR）的角度，将各国语言分为强未来时间表达语言（strong FTR languages）和弱未来时间表达语言（weak FTR languages）。例如，英语属于强 FTR 语言，在表达未来的事项时使用将来时（如动词 will 的使用），德语属于弱 FTR 语言，使用现在时来表达未来事项。已有研究发现，与使用强 FTR 语言的人相比，使用弱 FTR 语言的人会更多的体现出未来导向的行为，如锻炼更多、抽烟更少等，这说明弱 FTR 语言降低了与未来的心理距离（Chen，2013）。因此，Kim 等（2017）认为，弱 FTR 语言的经理很可能更能感知到盈余管理未来恶果（如财务重述、法律诉讼、被解雇等）的迫切性，从而更少的进行盈余管理。他们的多国数据结果证实了这一观点。

4. 区域金融发展水平影响盈余管理。李春涛等（2017）利用 2007—2013 年沪深两地上市公司数据，研究区域金融发展与分析师跟踪对盈余管理的影响效应与机制，发现作为外部治理的分析师在减少企业盈余管理规模上起到显著的作用，在金融发展程度较高的地区，分析师的存在能够显著降低企业的盈余管理规模，但是这一影响对于金融发展程度较低的地区并不成立。

5. 行业竞争影响盈余管理。Baik 等（2011）研究了美国 1978 年航空管制政策变化对盈余管理的影响，发现 1978 年美国航线放松管制条令（The Airline Deregulation Act，ADA）实施后，由于政府放松了航空公司定价权和行业进入的条件要求，一方面航空公司面临的竞争增强，另一方面成长机会增多，吸引投资者的动力增加，而且由于管制放松也导致了政府监管的难度加大，所以，放松航空管制后，航空公司有更强的动力进行向上的盈余管理，以求在新的环境中应对日益增强的竞争。曾伟强等（2016）从行业竞争视角考察了行业竞争激烈程度、公司竞争能力以及产权性质对上市公司盈余管理的影响，研究发现：当行业竞争程度较低时，行业竞争与上市公司盈余管理呈负相关关系，即行业竞争体现出外部治理机制；当行业竞争程度较高时，行业竞争与上市公司盈余管理呈正相关关系，即行业竞争体现出外部诱导作用；在特定的行业内，当公司处于竞争劣势时，随着行业竞争的加剧，公司会进行更多的盈余管理；考虑产权性质的影响，当国有企业处于竞争劣势时，随着行业竞争的加剧，处于竞争劣势的国有企业相对于竞争优势的国有企业会使用较多的应计盈余管理和真实盈余管理，而该差异在非国有企业中却不显著。

6. 天气状况等也会影响盈余管理。刘运国和刘梦宁（2015）发现，在"PM2.5 爆表"事件后，相比于非重污染企业，重污染企业进行了显著向下的盈余管理，而且该结论在小规模企业或者非国有企业的子样本中体现得尤为明显。他们从政治成本的视角考察了在经济发展过渡到新常态的过程中企业盈余管理的影响因素，选取的雾霾情境表明，强大的民意压力倒逼当局，亦构成企业政治成本的来源之一，这种应对政府干预的动机也成为"政治成本"动机的盈余管理。

（七）监管与准则对盈余管理的影响

会计监管、会计准则、内部控制等治理约束机制能够降低盈余管理。

1. 会计制度或会计准则的变化影响盈余管理。Hossain 等（2011）发现，萨奥法案颁布后，美国上市公司显著降低了应计项目盈余管理水平。Lin 等（2012）在研究德国公司从使用美国会计准则转向使用国际财务报告准则时，发现公司的盈余管理水平提高、损失确认不及时、价值相关性更低，说明美国会计准则比国际财务报告准则产生了更高的会计信息质量。Evans 等（2015）利用对全球范围 616 个财务总监的调查数据，发现财务报告的监管环境和企业住所会影响盈余管理行为：使用美国会计准则的美国公司比其他背景下的公司（使用国际财务报告准则的非美国公司、使用国际财务报告准则的美国公司、使用美国会计准则的非美国公司）体现出了更高的真实活动盈余管理。他们认为，美国的会计准则和监管环境更严格，虽然不一定会降低总的盈余管理水平，但促进了企业从应计盈余管理向真实盈余管理的方法转换。Doukakis（2014）在研究 22 个欧洲国家的公司时发现，强制性的采用国际财务报告准则对公司的应计盈余管理和真实盈余管理都没有产生显著的影响。

2. 交叉上市影响盈余管理。贾巧玉和周嘉南（2016）认为，捆绑假说是解释企业交叉上市动因的重要理论，该假说认为企业在外部监管较为严格的地区交叉上市，可以约束控股股东和管理层谋取私有收益，抑制公司盈余管理，从而提高公司盈余质量。真实盈余管理由于其隐蔽性强、会计弹性大等特点而被越来越多的企业采用。交叉上市企业在面临更为严格的外部环境时会减少应计盈余管理，增加真实盈余管理。

3. 披露管制影响盈余管理。2000 年 7 月，台湾颁布了一项披露管制政策，要求台湾公司披露其与中国大陆的关联公司所发生的有关投资和其他关联交易，这种披露管制明显降低了台湾公司通过大陆关联方进行盈余管理的行为，而且这种影响在非高科技行业中更为有效（Hwang 等，2013）。

4. 媒体监督可以降低盈余管理。陈克兢（2017）发现，媒体监督可以有效地制约上市公司盈余管理行为；法治水平的提高可以降低上市公司的盈余管理程度；媒体监督是约束上市公司盈余管理有效的法律外替代机制，较强的媒体监督可以有效地降低由于法治薄弱而诱发的盈余管理。

5. 内部控制与风险管理的管制制度影响盈余管理。Brown 等（2014）发现，1998 年德国强制的内部控制与风险管理（internal control and risk management，ICRM）制度推出之后，德国公司及时确认亏损的情况显著增加，利润平滑和避亏的情况显著下降，资本投资效率对盈余质量的敏感性提高。这说明，ICRM 监管降低了盈余管理，提高了会计信息质量。

6. 分析师关注是盈余管理的一种监督力量。Degeorge 等（2013）发现，分析师监督的有效性随着国家金融的发展而增强，在金融发展程度高的国家，公司的分析师关注越多，盈余管理则越少。Cang 等（2014）采用中国资本市场的数据发现，对于难以发现的盈余管理行为，分析师的关注刺激了企业的线上项目（above-the-line items，ALIs）盈余管理，对于容易发现的盈余管理行为，分析师的关注抑制了企业的线下项目（below-the-line items，BLIs）盈余管理。

7. 分红政策会影响盈余管理。戴志敏和楼杰云（2016）以 2008 年颁布的《关于修改上市公司现金分红若干规定的决定》为政策背景，研究了现金分红门槛对再融资企业盈余管理行为的影响。研究发现："优质企业"为了降低现金分红水平，更有可能进行负向盈余管理；相反，"普通企业"只能进行正向盈余管理迎合业绩门槛，但是并没有增加现金分红水平。

（八）与审计有关的盈余管理研究

审计作为影响盈余管理的相关研究主要体现在审计机构性质、审计质量、关系、审计服务、审计管理等方面。

1. 是否是国际"四大"审计影响盈余管理结果。林永坚和王志强（2013）发现，与本土事务所相比，由国际"四大"审计的公司操控性应计利润显著更小；在区分操控性应计利润的方向后，由国际"四大"审计的公司正向操控性应计利润显著更小，负向操控性应计利润则与本土事务所无显著差异。这表明与本土事务所相比，国际"四大"在国内市场确实能够提供更高的审计质量，且这种差异主要体现在对正向盈余管理的制约上。

2. 审计质量影响盈余管理。Burnett 等（2012）发现，审计质量高时，被审计的公司利用应计项目操控利润的行为受到限制，因此更可能转而采用大量股票回购的真实盈余管理方式来调整利润，以迎合或超过分析师的预测。刘文军（2016）以操纵性应计利润作为审计质量的度量指标，研究发现会计师事务所在中注协执业质量检查后客户的操纵性应计利润显著降低，表明执业质量检查提高了会计师事务所的审计质量。进一步研究发现中注协执业质量检查对审计质量的影响集中在非"四大"会计师事务所；中注协执业质量检查不会影响检查中有注册会计师被惩戒的事务所客户的操纵性应计利润，但会让这些事务所变得更为谨慎，表现在未来更可能对客户出具非标准审计意见。

3. 审计师经验影响盈余管理。王晓珂等（2016）发现，审计师个人经验与操控性应计之间存在显著的负相关关系，并且这种负相关关系主要存在于调高盈余的公司组。这一结果说明审计师经验越丰富，越能抑制管理层的机会主义行为。审计师个人经验对审计质量的提升作用在重要性高的客户和国有企业中更为明显。

4. 审计师与管理者的关系影响盈余管理。Du 等（2015）通过实验研究了中国审计师在防范激进的盈余管理中的作用，发现关系的存在损害了审计师纠正盈余管理的能力。实验中，审计师认为使用投资交易的分类来避免亏损是适当的，管理者与审计师之间的关系的存在使得审计师不愿阻止由于退市动机导致的盈余管理行为。尤其是，当审计师与管理者存在亲密关系时，他们更不可能做出报表调整的要求，但是提高惩罚力度对于审计效果具有积极的影响。

5. 会计师事务所组织形式影响盈余管理。傅绍正等（2016）发现，会计师事务所组织形式由有限责任制变为特殊普通合伙制，增加了审计师的法律责任，提高了审计的鉴证价值和保险价值，有利于审计师在 IPO 审计过程中更好地发挥信息中介作用。相比有限责任制事务所，特殊普通合伙制事务所审计的发行公司的正向盈余管理水平更低，IPO 折价率也更低。

6. 审计师对盈余管理的选择性抑制。当审计师面对不同上市公司和不同的盈余管理方式时，其所面临的风险是不同的。为控制风险并确保收益，审计师在区分上市公司和盈余管理方式的基础上有选择地抑制，才符合其自身利益。路军伟等（2015）研究发现，在上市公司具有扭亏动机且采用了隐性盈余管理方式（即线上项目盈余管理）的情境下，审计师倾向于出具标准无保留审计意见；而有扭亏动机的上市公司实施了显性盈余管理（即线下项目盈余管理），或没有扭亏动机的上市公司实施了隐性盈余管理，审计师都倾向于出具非标准的审计意见；对于有扭亏动机的上市公司，异常审计费用加剧了上市公司利用非经常性损益进行盈余管理的隐性化程度。

7. 审计费用影响盈余管理。曹琼等（2013）发现，盈余管理幅度大的上市公司，盈余管理与非标准审计意见显著正相关；较高的审计费用降低了盈余管理与非标准审计意见之间的相关性。

8. 审计管理影响盈余管理。Luippold 等（2015）将审计管理（audit management）定义为"客户战略性地使用分散注意力的方法来降低审计师在审计中发现盈余管理的可能性"。他们检验了将审计师注意力转移到干净的财务报表账户以及转移到包含其他错误的账户中时，是否影响审计师发现盈余管理的能力。他们研究发现，当审计师注意力被转移到干净账户时，其对盈余管理的识别最差，而当审计师注意力被转移到包含其他错误的账户中时，其对盈余管理的识别最好。

（九）其他影响盈余管理的因素研究

除了上述几个方面外，还有很多因素也会对盈余管理造成影响。

1. 政治成本与盈余管理。政治成本是指某些企业面临着与会计数据明显正相关的严格管制和监控,一旦财务成果高于或低于一定的界限,企业就会招致严厉的政策限制,从而影响正常的生产经营。Jones(1991)发现了企业为了获取政府提供的进口补贴而进行向下盈余管理的证据。吴德军等(2016)基于2004年和2012年两次煤电联动的政策背景,利用双重差分模型实证检验了联动政策对电力企业盈余管理的影响。研究发现,2004年煤电联动政策首次推出后,不断上涨的煤价导致较低的政治成本,火电企业倾向于正向盈余管理;而2012年联动政策修订后,煤价下跌导致火电企业面临较高的政治成本,致使火电企业进行负向盈余管理。政治成本的变化导致火电企业盈余管理呈现出不对称性。

2. 并购中的盈余管理。Higgins(2013)研究了日本上市公司在换股并购中的盈余管理行为,发现大多数并购方具有在并购前上调利润(为了影响股价)以降低并购成本的盈余管理动机,而且并购方盈余管理的程度与其经济利益正相关,与银行和外部投资者的监管负相关。

3. 员工失业保险与盈余管理。Dou等(2016)认为,企业为了增强员工对企业的安全性感知,会进行向上的盈余管理,而当其得到更好的失业保障时,会降低对企业财务业绩的关注,因此企业会降低盈余管理。他们以美国州级失业保险福利的提高作为外生事件,研究发现,在失业保险提高后,公司的盈余管理水平显著下降。

4. 企业社会责任与盈余管理。Prior等(2008)发现了企业盈余管理与社会责任之间的正相关关系,认为企业社会责任为操控利润的管理层提供了保护功能,使得企业社会责任好的公司更敢于进行盈余管理。李钻等(2017)利用中国上市公司数据研究时,也发现了企业社会责任与盈余管理之间的正相关关系。而Kim等(2012)则发现,企业社会责任好的公司,具有更高的道德标准,对利益相关者更负责任,财务报告信息质量更高,更不容易进行盈余管理。黄艺翔和姚铮(2015)也发现企业社会责任表现与盈余管理之间的负相关关系,而且应规披露社会责任报告的企业的盈余管理程度与未主动披露社会责任报告的企业的盈余管理程度并无显著差异;相比未主动披露社会责任报告的企业,自愿披露社会责任报告的企业的盈余管理程度更低。

5. 投资者保护与盈余管理。不同的投资者保护会导致不同的盈余管理水平,Fung等(2013)在研究中国内地在香港上市的H股上市公司和香港本地的上市公司时发现,由于两者处于不同的投资者保护机制,因此盈余管理程度存在显著差异,H股公司比香港本地公司的盈余管理程度更高,这种关系在1999年中国大陆实施证券法之后变弱。

6. 投资者情绪与盈余管理。王俊秋和张丹彧(2017)研究了宏观市场层面的投资者情绪对微观企业盈余管理策略的影响以及机构投资者在其中扮演的角色,发现投资者情绪诱发了企业迎合性的盈余管理行为,上市公司主要通过正向(负向)盈余管理来主动迎合投资者高涨(悲观)的情绪;机构持股显著提高了上市公司迎合性的盈余管理行为,尤其是随着市场情绪地不断高涨,机构持股比例越高的公司更可能增加正向盈余管理水平以迎合市场的乐观预期。

二、盈余管理的经济后果研究

(一) 盈余管理对投资者的影响

盈余管理对投资者的影响主要体现在投资者的识别以及投资者行为的影响等方面。

1. 盈余管理会误导投资者。An 等 (2014) 发现,短期来看,股市对于公司盈余管理做出了积极反应,意味着投资者未能识别出公司盈余管理行为。然而,长期来看,进行了盈余管理的公司的股票回报和经营绩效显著更弱。Das 等 (2011) 发现,当管理层盈余管理受到的限制较小时,管理层会同时使用盈余管理和预期管理两种工具,而且,尽管盈余管理行为受到了惩罚,但总体来看,股价因为公司通过盈余管理达到或超过盈余目标的收益超过了所受的惩罚。Jong 等 (2014) 对分析师和 CFO 进行的调查发现,分析师和 CFO 认为盈余管理提高了投资者对公司价值的感知,所有的盈余管理都是损害价值的。

2. 盈余管理影响股市流动性。Bar – Yosef 和 Prencipe (2013) 研究发现,盈余管理增加了股票的市场流动性,股票交易量更大,这可能是由于投资者对于盈余管理的质疑所导致。

(二) 盈余管理对融资的影响

1. 盈余管理影响企业的资本成本。Strobl (2013) 发现,企业的利润操纵行为会影响其资本成本。Kim 和 Sohn (2013) 进一步研究了企业真实活动盈余管理对资本成本的影响,他们发现,企业的资本成本与真实活动盈余管理正相关。

2. 盈余管理影响资本结构。An 等 (2016) 利用 37 个国家的面板数据研究发现,盈余管理程度越高,财务杠杆越高,而且这种正向关联受到了制度环境的调和影响。

3. 盈余管理可以帮助公司摆脱融资困境。李胜楠等 (2016) 发现,拥有投资机会但面临融资约束困境的公司会进行显著向上的盈余管理,而且盈余管理确实传递了"好消息",帮助公司取得更多外部融资从而摆脱困境。

(三) 盈余管理对 CEO 的影响

1. 盈余管理影响 CEO 变更。Hazarika 等 (2012) 发现, 盈余管理越高的公司, 其 CEO 更易发生变更, 而且这种关系在业绩好和业绩差的公司中都存在, 这说明公司董事会能够在利润操控引发的恶果产生之前, 主动更换掉操控利润更激进的 CEO。

2. 盈余管理影响 CEO 薪酬。盈余管理提高了某一期间的报告盈余, 其代价是降低另一期间的盈余。Dutta 和 Fan (2014) 发现, 随着管理层盈余管理成本的降低, 最优的薪酬——绩效敏感性则会上升, 而管理层的预期薪酬则会下降。

(四) 盈余管理对审计师在客户公司的留任决策影响

盈余管理能够影响审计师行为。Kim 和 Park (2014) 发现, 企业的真实活动盈余管理会对审计师对客户的留任决策产生影响。他们发现, 客户通过经营活动操控利润的行为提高了审计师辞任的可能性, 审计师在留任决策中对于客户达到或超过盈余目标的利润操控尤为敏感。在审计师辞任后, 客户倾向于聘任更小的审计机构, 而且真实活动盈余管理程度变得更高。

(五) 盈余管理对媒体新闻的影响

盈余管理能够对媒体新闻产生影响。Chahine 等 (2015) 认为, 在发行权益证券前, 管理层为了体现出公司的差异化, 会对媒体要求作出战略性应对。他们研究发现, 分拆上市 (Equity carve-out, ECO)[①] 当年的媒体新闻与上市前的盈余管理行为显著负相关。从媒体新闻的性质来看 (可以区分为有信息含量和无信息含量), 盈余管理与有信息含量的媒体新闻显著负相关, 与无信息含量的媒体新闻显著正相关。长期的 ECO 绩效在盈余管理和无信息含量新闻背景下会降低, 但与有信息含量的新闻则显著正相关。这些证据与信号效应是一致的。

(六) 盈余管理对财务报告策略的影响

1. 盈余管理与 IPO 申报中盈利的解释。Aerts 和 Cheng (2011) 发现, 对盈余管理的担心是盈余原因解释的重要动机, 因为 IPO 企业要解释其盈利结果的合

[①] Equity carve-out (ECO), 股权切离, 又称权益分割、分拆上市、割股上市, 是一种公司重组的方式。在股权切离方式下, 母公司创立一个新的子公司, 然后将其 IPO, 同时保留了管理层的控制。在 IPO 中, 只有部分股票会提供给公众, 母公司在子公司中仍保留大量股份, 通常会将不超过 20% 的股份卖给公众。例如, 2000 年, 联想集团实施了有史以来最大规模的战略调整, 对其核心业务进行拆分, 分别成立新的 "联想集团" 和 "神州数码"。2001 年 6 月 1 日, 神州数码股票在香港上市。

理性和合法性。他们发现了公司盈余管理和使用策略性的原因解释的紧密关系，盈余管理程度越高，盈余的原因解释就会越强、越具确定性。另外，盈余管理越强的公司会避免使用明确的防御性原因解释策略。

2. 盈余管理影响关联方交易转移定价信息披露。Lo 和 Wong（2011）在研究中国上市公司关联方交易中转移定价信息披露时发现，盈余管理水平越高，关联方交易中转移定价信息的自愿披露越少，而如果公司的独立董事比例越高、政府所有权比例越高时，则披露越多。

三、盈余管理的其他研究

（一）盈余管理的方法或识别

早期的盈余管理研究主要关注应计项目盈余管理（Jones，1991），近年来，更多的研究开始考虑应计项目盈余管理和真实活动盈余管理之间的转换、具体项目和具体时点的盈余管理研究等。

1. 真实活动盈余管理。Roychowdhury（2006）从操控生产、操控销售、操控费用的角度开创性地研究了真实活动盈余管理的行为；Zang（2012）发现了公司会在应计项目盈余管理和真实活动盈余管理两种方式之间进行选择转换；Kothari 等（2012）也发现了公司考虑到两种盈余管理的成本，会在两种方式之间转换的证据；越来越多的研究开始转向应计盈余管理和真实活动盈余管理的替换研究，尤其是在监管和外部监督越强的环境下，公司更可能转而采用更难发现的真实活动盈余管理（Shi 等，2015）；Ali（2015）发现 CEO 采用操控费用的方式进行真实活动盈余管理。

2. 操控坏账费用。Jackson 和 Liu（2010）发现公司采用操控坏账准备费用的方式来迎合分析师预测。

3. 操控开发支出资本化。谢德仁等（2017）发现存在控股股东股权质押的公司更倾向于将开发支出资本化以进行正向盈余管理，进一步研究发现，随着控股股东股权质押的解除，开发支出资本化也很可能随之转为费用化，控股股东对开发支出会计政策的选择存在动态调整。

4. 操控其他综合收益转入当期损益的时间和金额。杨克智（2016）以我国其他综合收益列报制度变迁为背景，利用 2007—2014 年沪深两市 A 股上市公司经验数据，研究了其他综合收益与盈余管理之间的关系。发现上市公司可以通过控制和调节其他综合收益转入当期损益的时间和金额，实现盈余管理的目的；进一步研究表明，其他综合收益列报的透明度可以在一定程度上抑制企业通过其他综合收益项目进行盈余管理的行为。

5. 第四季度盈余管理。Gunny 等（2012）发现公司由于薪酬和借款契约的影响，更倾向于在第四季度进行盈余管理以达到操控目的。史鲁豫（2016）认为，上市公司出于多种目的，极有可能在第四季度进行盈余管理。其实证结果最终得出第四季度是我国上市公司盈余管理现象最为普遍的季度的结论。

6. 费用错分类。Barua 等（2010）发现公司通过将经营费用错分类至非持续经营项目中，从而达到美化利润结构、提高核心收益以迎合分析师的目的。Fan 等（2010）进一步发现这种分类转移更可能发生在第四季度中。

7. 回购股票，降低股数。Hribar 等（2006）发现，公司通过大量回购股票，从而降低股数而提高每股收益，以迎合分析师预测。

8. 线上与线下项目的操控。Cang 等（2014）采用中国资本市场的数据发现企业分别利用不同利润表项目进行盈余管理的证据，对于难以发现的盈余管理行为，分析师关注刺激了企业的线上项目（above–the–line items，ALIs）盈余管理，对于容易发现的盈余管理行为，分析师关注抑制了企业的线下项目（below–the–line items，BLIs）盈余管理。

9. 异常关联交易。Lo 和 Wong（2011）使用异常关联方交易来度量盈余管理，发现了盈余管理影响自愿性信息披露的证据。

10. 操控产品保修准备或有负债。Cohen 等（2011）发现，公司利用产品销售中的产品保修或有准备金来进行利润操控。

11. 操控金融资产的初始分类。张会丽和郑柳明（2013）研究发现，企业持有越多可供出售金融资产，越有利于管理者进行盈余管理。操控性应计利润较高、当年业绩较差的公司更有可能将金融资产划归为可供出售金融资产，同时，该类公司在下一年实现微利收益的概率更高。

12. 利用非经常性损益的隐蔽空间。路军伟和马威伟（2015）认为，非经常性损益内容的扩展与利润表列报方式的变化之间的错位，形成了非经常性损益的隐蔽空间，即利润表中的"投资收益"项目。在扭亏的压力下，上市公司会利用非经常性损益进行盈余管理。有扭亏动机且持有金融资产越多时，上市公司越偏好采用"投资收益"中的非经常性损益进行盈余管理，盈余管理的隐性化程度也越高。为了向资本市场传递突出"营业利润"主体性的盈余结构信息，上市公司利用"投资收益"中的非经常性损益进行向上盈余管理，利用"营业外收支"进行向下盈余管理。

（二）实务中如何识别盈余管理

关于实务中如何识别盈余管理，在国内外以实证研究为主的顶级期刊并不多见。Dichev 等（2013）对 169 位上市公司的 CFO 进行了调查，并与 12 位 CFO 和两位准则制定者进行了深度访谈，他们的调研结果对于实务中盈余管理的识别具有很强的参考价值。他们的调研结果显示，在任何期间内，大约都有20%的公司操控了利润，利润的操控很难通过外部来识别，但是同行比较、企业间盈余和现金流缺乏一致性成为了有助于识别盈余管理的典型疑点。

四、对盈余管理现有研究的评价

盈余管理作为财务会计领域一个重要而经典的话题，吸引了无数学者关注，无论是学者不断创新的研究方法、深挖细掘的研究角度与研究内容，还是传递给投资者、债权人等利益相关者以及监管机构、政策制定者等的决策与政策参考等，都形成了丰硕的成果。笔者认为，盈余管理的相关研究尚有以下角度需要拓展。

一是进一步增加盈余管理的经济后果研究。现有多数研究关注企业内外部影响或导致盈余管理的诱因研究，对于投资者、债权人、监管机构等利益相关者在资金决策与监管治理等角度提供了重要参考，但是对于盈余管理之后所产生的后果研究尚显不足，尤其是，操控利润动机之外的后果，例如，通过操控利润上市以后，是否比上市之前更为强大？通过操控利润获得贷款之后，是否涅槃重生，一飞冲天？通过操控利润获得职务晋升之后，CEO与企业是否存在双赢？等等。这些后果研究，尤其是"好"的后果研究，尚显不足。盈余管理"坏"的动机，是导致了"坏"的后果，还是"好""坏"兼有？这些问题的深入探索，对于利益相关者的决策选择、监管者处罚机制的优化都具有很强的参考价值。

二是充实盈余管理对内部决策的影响研究。现有研究大多关注盈余管理对高管薪酬、融资后果、政治成本以及Meet or Beat等方面的影响，对于盈余管理对企业内部决策行为（如盈余管理目的达到之后的投资、融资、薪酬、人员等决策行为），尤其是主导或负责操刀利润操控的CEO或CFO等的研究尚显不足。比如，CEO在操控利润成功之后，有没有过度投资、加大分红、对员工更加慷慨等，有没有更加"自恋"从而诱发了更多的错误决策？等等。这些内部决策的研究，有助于盈余管理之后的进一步关注或监督，有助于CEO等企业高管审视、反思自己的操控行为。

三是加大经典案例选材和案例研究方法的使用。现有研究中，限于主流研究实证方法严谨的限制，多数研究采用流行的操控性应计项目、真实活动盈余管理、或者真实活动盈余管理中的销售操控、费用操控、生产操控等方法，这些研究较难落脚到对实务的直接指导。尽管也有针对产品保修准备、坏账准备、异常研发、异常关联交易等研究，但这些研究仍然较少，而且实证研究对于企业操控的背景、方法、识别等细节揭示不足。在盈余管理中拓展案例研究很有必要，但难点也很明显：一是案例研究不是一个现行学术研究的主流方法，很难进入顶级期刊而吸引高水平学者；二是盈余管理这个"坏人坏事"的违反伦理道德的主题不太适合做具体公司的案例研究。已经被监管处罚或 CPA 揪出的公司，再去研究的意义不大。直接去发现公司，容易受到攻击报复，一些财务造假学者退出江湖说明了这一点。然而，通过案例研究有效揭示盈余管理，仍然是学者不可推卸的责任，我们期待更多刘姝威[①]、夏草[②]式的英雄人物出现。

第三节 研究内容与方法

一、研究内容

本书基于笔者从 2009 年开始承担的会计专业硕士选修课程《会计准则与盈余管理》撰写完成，全书共包括 6 章内容，具体各章内容设计为：第一章是概述，第二章是基础理论分析，第三章和第四章是盈余管理的方法介绍，第五章是如何识别盈余管理的技术，第六章是综合案例分析。

第一章"盈余管理研究概述"中，对本书的写作意图、国内外现有研究、以及内容架构进行介绍。

第二章"盈余管理的基本理论"，对盈余管理的相关概念、分类、动机、形式等基本理论进行阐述。

第三章"盈余管理的方法（一）——高频方法"，对盈余管理中使用频率较高的操控方法进行归纳分析，主要包括收入操控、存货操控、固定资产操控、无形资产操控、股权操控、资产减值操控等盈余管理方法。

第四章"盈余管理的方法（二）——低频方法"，对盈余管理中使用频率较高的操控方法进行归纳分析，主要包括资产交换操控、债务重组操控、借款费用

---

① 刘姝威，女，1952 年出生，现任中央财经大学中国企业研究中心主任、研究员。曾师从我国著名经济学家陈岱孙教授和厉以宁教授，为金融方面的知名学者。2001 年 10 月 26 日，只供中央金融工委、人民银行总行领导和有关司局级领导参阅的《金融内参》刊登了刘姝威撰写的《应立即停止对蓝田股份发放贷款》的 600 字的短文，此后不久，国家有关银行相继停止对蓝田股份发放新的贷款，引发了轰动全国的"蓝田事件"。2002 年被评为中央电视台"经济年度人物"和"感动中国——2002 年度人物"。

② 夏草（笔名），郑朝晖，男，著名财务专家，曾为中国证监会和上市公司高度关注，曾多年主动、独立、认真地研究上市公司的年报，研究上市公司可能存在的财务问题，被投资者誉为资本市场"财务杀手"，更获得了 2008 年度中国证券市场十大人物称号。夏草曾出版过《财报粉饰面对面》《上市公司 48 大财务迷局》《IPO40 大财务迷局》《会计谜局》《财务舞弊》《财务侦探》《财务揭黑》等著作，证监会 2008 年曾就夏草研究方法专门发过简报，中央电视台《经济半小时》曾作过专题报道。2010 年初，38 岁的夏草从上海国家会计学院的一名讲师，变身为华泰联合证券（上海）研究所的后台财务顾问（http://finance.sina.com.cn/roll/20100630/19453372765.shtml）。

操控、政府补助操控、或有事项操控、其他项目操控等盈余管理方法。

第五章"盈余管理的识别",对识别盈余管理的技术进行介绍分析,主要包括利润表疑点分析、资产负债表疑点分析、现金流量表疑点分析、表外疑点分析等技术方法。

第六章"盈余管理综合案例分析",提供 4 个综合性的大案例,将不同角度的盈余管理,从背景、识别、启示等角度对公司盈余管理行为进行全方位的展示。

二、研究方法

本书的研究方法主要是比较研究和案例研究。在盈余管理方法与技术的研究中,主要采用介绍小案例、剖析大案例、展示综合案例等案例研究方法,对盈余管理的动机、操控与识别进行探析。在具体案例分析中,主要通过疑点分析、比较研究的方法来揭示企业可能的盈余管理行为。

第二章

盈余管理的基本理论

第一节　盈余管理的相关概念与分类

> **案例 2-1：利润操控方式的选择**
>
> A 公司为顺利获取银行贷款，CEO、董秘、CFO 三人一起商讨如何调整利润（假设三种方法都可以调出所需利润数额）：
>
> CEO：我去和我同学的公司签个销货合同，拿了合同就可以把收入和利润做出来。
>
> 董秘：我们公司应收账款很多，可以成立一个坏账管理中心，借此理由把坏账率往下多调一些，提高利润。
>
> CFO：我们公司马上有一批新产品完工，把它高价卖给 B 公司，差价以后在和 B 公司子公司的购货交易中补给它。
>
> 如果是你，会采用哪种方法呢？

案例 2-1 中列示的是实务中常见的几种利润操控方式，尽管操控的难度、操控的外部识别难度、操控的处罚程度均不相同，但在实务中都会为企业所用。

一、关于利润操控方法的几个关键概念

（一）盈余管理

案例 2-1 中，董秘和 CFO 的两个方法属于不违反规则（会计准则）的做法，我们称之为"盈余管理"。

对于盈余管理的概念，曾经存在两种主要观点：早期的观点强调盈余管理是

对会计利润（盈余）数字的人为操纵，对这种操纵是否超越了会计准则的限度未加区分；另一种观点认为盈余管理是在会计准则允许的范围之内对利润的控制。

Schipper（1989）将盈余管理定义为"企业管理当局为了获取某些私人利益（而非仅仅为了中立地处理经营活动），有目的地干预对外财务报告过程的披露管理（Disclosure Management）"。Healy 和 Wahlen（1999）认为，盈余管理是指"管理当局在编制财务报告和规划交易的过程中，运用个人判断来改变财务报告的数字，达到误导那些以公司的经济业绩为基础的利益关系人的决策或者影响那些以会计报告数字为基础的契约结果的目的"。这两个定义均强调公司管理当局对财务报告数字的干预，认为盈余管理是对会计盈余数字的人为干预，而对这种干预是否超越会计准则的限度未加明确区分。

斯科特（2006）提出，盈余管理是指在 GAAP[①] 许可的范围内，通过会计政策选择使经营者自身利益或（和）公司市场价值达到最大化的行为。这种定义强调了盈余管理的"度"是不能超越 GAAP 的要求。

从上面两类定义的阐述可以看出，两类定义的主要差异在于对盈余数字的干预是否超越了会计准则的限度。多数学者认为，盈余管理是一个中性的词语，它不同于通过财务造假来调整利润，因此，斯科特（2006）的盈余管理概念思路被越来越多的学者和实务工作者所接受。

笔者认为，盈余管理是指在会计准则允许的范围内，通过会计政策的选择或经济业务的设计与控制，从而达到干预利润数字、实现利润目标的财务报告操控行为。

（二）应计盈余管理

案例 2-1 中，董秘的做法是一种典型的盈余管理方式，我们称之为"应计盈余管理"。

应计盈余管理（Accrual Earnings Management，AEM）是指通过对应计项目的操控来实现对盈余的管理，这种操控不会直接影响现金流的变化（Roychowdury，2006）。

应计项目（Accruals，也称应计利润）是指基于权责发生制所确认的收入、费用等利润构成项目，这些利润项目在确认时不直接形成现金流入或流出，但按照权责发生制和配比原则应当计入当期损益。简单地讲，只要是基于权责发生制确认了损益、但没有带来现金流，都属于应计利润（应计项目），如赊销形成的

[①] GAAP 是 Generally Accepted Accounting Principles 的简称，即"一般公认会计原则"之意。GAAP 的概念最早源于美国，是一套会计规则的体系，包括约束会计行为的会计原则、会计程序、会计准则、会计准则指南或解释等，也有学者简单地以"会计准则"来替代。GAAP 一词虽然源于美国，但现在已在全球各国被广泛使用，如 US GAAP、Canada GAAP、中国 GAAP 等都是常见的提法。

产品销售收入、提供服务而未收到现金的服务费收入、长期股权投资权益法确认的投资收益等"应计收入",以及计提坏账准备、存货跌价准备等减值费用、固定资产折旧费用、无形资产摊销费用、已承担尚未支付的服务费、已确认尚未支付的薪酬费用、已计提但尚未支出的租金费用、已计提但尚未发生的产品保修准备金费用等"应计费用"。应计盈余管理就是通过对上述"应计收入"和"应计费用"等应计项目的金额进行调整所进行的利润操控。

想要精确判断企业的"应计利润"的操控程度是很难的,但通过"利润=现金流利润+应计利润"和"应计利润=非操控性应计利润+操控性应计利润"的基本思路来大致识别盈余管理,已经成为学术界非常流行的一种方法。应计盈余管理的具体应用参见本书第五章内容。

在实务中,应计盈余管理的实施主要通过会计政策的选择、会计估计的变化等来实现对利润数字的操控,由于通常对于政策和估计方法变化要在财务报告的附注中予以说明,如果是上市公司还需要对外发布公告予以解释,因此,这类操控方法的优点是操作相对较为简单、调整成本较低,但其最大的缺点在于,操控更容易被发现。如案例2-1所示,董秘通过内部运作就可以实现应收账款坏账费用的调整,但无论多么巧妙的制度设计,都无法摆脱信贷人员对于其关键时点会计估计变化导致的利润数字的怀疑。

应计盈余管理并没有改变公司的总体利润和盈利能力,只是利用会计处理方法将未来利润提前或者将现时利润延后,改变了总体利润在各会计期间的分布。

(三) 真实盈余管理

案例2-1中,CFO的做法是另一种典型的盈余管理方式,我们称之为"真实盈余管理"。

Roychowdury (2006) 提出了"真实活动操控"(Real Activities Manipulation)一词,之后被逐渐被学界替代成为"真实盈余管理"(Real Earnings Management, REM)。真实盈余管理是通过规划正常业务活动或构造交易、控制交易时间来操控盈余误导利益相关者的行为 (Roychowdury, 2006)。通常情况下,真实盈余管理的方法大致可以分为以下三类:

1. 销售操控

销售操控是指通过提高销售折扣、放宽信用条件、利用客户关系及关联方关系等方式实现销售收入的暂时增加,从而达到提高利润的目的。

2. 生产操控

生产操控是指通过增加产量来降低单位产品的固定成本,进而降低产品销售成本,达到提高利润的目的。

3. 费用操纵

费用操纵是指通过削减当期研发支出、广告支出、薪酬支出等方式，减少费用，达到提高利润的目的。

企业盈余管理有不同的目的，有时候并不是为了提高利润，而是为了降低利润（例如避税。具体降低利润的动机见下文），因而，上述三种操控方式也可能是反方向的操控，即向下的盈余管理。相应的，上述三种操控则变为压低收入、减少生产、增加费用的具体操控。

实务中，这种"交易型"或"业务型"的操控还可能表现为操控资产的处置金额和时点、操控并购重组的金额和时点、操控非货币性资产交换的金额和时点等多种方式。

在实务中，真实盈余管理的实施主要通过对销售、生产、期间费用等的操控来实现盈余管理，这种操控属于"交易型"或"业务型"的操控，并不像应计盈余管理那样只需要会计人员进行会计处理就可以实现操控结果那样简单，而且多数情况下会涉及其他方的利益，如销售操控中的购买方、费用操控中的研发部门和领薪人员等。因此，这类操控方法的缺点是操作相对较为复杂、调整成本较高，但其也有明显的优点：由于是交易型操控，而不是会计方法的操控。因此不需要对外公告和进行解释，操控更加隐蔽，更难以被发现。如案例 2-1 所示，CFO 通过 B 公司和 B 公司的子公司来实现其新产品的销售操控，外界很难发现，但这项交易的达成需要与 B 公司和 B 公司的子公司协商确定，较之单纯的内部会计估计变化处理，难度明显更大。

真实盈余管理也没有改变公司的总体利润和盈利能力，只是利用交易设计将未来的盈利活动提前或将现时的盈利活动延后，从而改变了总体利润在各会计期间的分布。

（四）财务造假

案例 2-1 中，CEO 的做法是一种典型的财务造假行为。

财务造假（Financial Fraud，也称会计造假、财务欺诈等）是指在财务报告中故意地错报、漏报，以欺骗财务报告使用者的行为。

财务造假有两个特点，一是"错误"，即公司对外提供的财务数据是错误的，没有遵守会计准则；二是"故意"，这种违反会计准则生成的错误是一种故意行为，而不是过失所导致。简而言之，财务造假就是企业为了自己的特定目的，故意违反会计准则而对财务数据进行操控。

实务中，财务造假也是违规企业常用的利润操控方式，如编制虚假合同、填制虚假出库单、伪造存货等。中国资本市场中的蓝田事件、绿大地事件、万福生科事件等都是典型的财务造假案例。财务造假成为企业利润操控方式的主要原因有两个：一是很多财务造假难以发现，造假主体的造假水平与造假的识别难度、审计师的水平、独立性、职业道德、造假的监管与处罚力度等都可能是导致造假未能被识别或处罚的原因；二是财务造假成本低，我国现有法规对财务造假的处罚力度弱。

财务造假完全抛开了会计准则的约束范围，属于典型的违法违规行为，性质恶劣，应当受到严厉的惩罚。然而，在利润诱惑、法规薄弱、企业操控水平或操控难度大等背景下，财务造假仍然成为了很多企业的利润操控方式选择。

二、其他相关概念

除了盈余管理、应计盈余管理、真实盈余管理、财务造假几个概念外，还有几个相关概念我们也需要了解。

（一）盈余

美国财务会计准则委员会（FASB）在其第五号财务会计概念公告（SFAC No.5）中指出，盈余（Earnings）与净收益非常相似，尽管实务中接受了净收益（Net Income）、净利润（Net Profit）、净损失（Net Loss）等替代盈余的各种相关术语，但盈余与净收益是存在区别的。

盈余是衡量一个会计期间经营绩效的一种方法，并不包括在该期确认的对某项会计调整所产生的累积影响。从上述解释可以看出，盈余并不等同于净收益或净利润，盈余表示的是本期的经营成果，而不包括企业由于对前期的会计调整形成的对本期净收益的影响。

（二）利润、收益、损益

利润、净利润、损益、净损益等词是实务中产生的收益和净收益的替代术语，尤其在我国，由于习惯的原因，大多以利润来表示企业的经营绩效（如利润、营业利润、净利润、利润表等）。

会计上的收益（Income）是一个笼统的概念，可以指经营收益，也可以指扣除所得税后的净收益，其代表的是企业的经营成果，即收入和费用配比之后的余额，计算的方法是通过"收益=收入−费用"① 这样一个"交易法"范式来确定的。而净收益则指的是扣除所得税费用之后、可以供企业进行利润分配的收益，也就是我们通常所称的收益表的"末行数字"（Bottom Line）。

---

① 也可以将广义的"收入"和"费用"分解，上述公式表述为：收益=收入−费用+利得−损失。

经济学上关于收益的最早定义一般认为来自于亚当·斯密（Adam Smith）1776年的《国富论》（The Wealth of Nations），亚当·斯密把收益定义为"财富的增加"。欧文·费雪（Irving Fisher）提出经济学收益的概念具有三方面的涵义：精神收益（心理需求的满足）、实际收益（经济财富的增加）和货币收益（增加资产的货币价值）。希克斯（J. R. Hicks）认为收益是"一个人在某一时期可能消费的数额，并且他在期末的状况保持与期初一样好"，这一定义被引用至企业收益的概念中，即在期初期末资本不变的情况下，企业本期可能消费的最大金额。希克斯经济收益的观点得到了经济学界的广泛认可，在现代西方经济学理论中占有支配地位。从会计的角度考虑，经济收益不仅要考虑理论上的可消费金额，还要考虑实际的可消费金额，及可以用于消费的现金，而不是存在较大不确定性的应计利润。

会计收益的产生要严格遵循会计准则的规定，以实际发生的交易或事项为依据，不仅考虑了会计信息的相关性，也考虑了会计信息生成的可靠性和可操作性，具有客观性和可验证性的优点。但是，由于财务会计受到严格的确认门槛（如可计量性）限制，以及对应计制、历史成本、配比、稳健原则等的采用，使得会计收益不能准确揭示企业的真实价值，因此受到了经济收益支持者的批评。会计收益的概念，被人们认为主要是对会计实务的"归纳"（唐国平，2003）。经济收益的观念在理论上逻辑推理严密、令人信服，能够反映资产、收益的真实状况。但是，由于目前计量方法的局限，经济收益的计算尚不具有可操作性，因此，经济收益只是一种理想的收益，难以在实务中推行。

实务中，通常并不严格区分这几个相关概念，而是采用净收益或净利润的计算方法，即"末行数字"的计算方法。

（三）利润操纵

实务中常见的还有"利润操纵"这一模糊的概念。利润操纵是一个广义的概念，它不仅包含了管理层在会计准则要求的范围内所进行的合法的盈余管理行为，也包括那些超越会计准则的要求、故意通过滥用会计政策来改变会计盈余数字的非法行为（即通常所称的财务造假、会计舞弊、财务舞弊、会计欺诈等）。由于二者性质的不同，监管部门对其采取的措施也有所不同：对于盈余管理，应采取规范引导的方式，而对盈余操纵中的财务造假行为，则要依法进行处罚。

利润操纵中的"造假"与盈余管理的区别在于是否超越会计准则这一"度"的限制。盈余管理是在会计准则允许的范围内所进行的，而财务造假则在根本上就违反了会计准则规定，超越了会计准则的"容忍"空间。

当然，在实际工作中，有时盈余管理与财务造假行为并不是很容易区分，因此 Levitt[①]（1998）称之为"灰色地带"，即介于黑白之间。

（四）盈余质量

盈余质量也是与盈余管理相关的一个常见概念。简单讲，盈余质量就是盈余的质量，具体而言，关于盈余质量的概念主要包括以下分类（吴德军，2009）：

1. 经济收益观下的盈余质量。在经济收益观下，盈余质量被认为是会计收益与经济收益的一致性。鉴于经济收益更能体现企业的经济实质，一些学者认为，只有体现经济收益的收益才是高质量的，如 Schipper 和 Vincent（2003）将盈余质量定义为"报告收益忠实表示希克斯收益的程度"；Hodge（2003）将盈余质量界定为"报告净收益与真实收益的差异程度"。会计收益与经济收益的一致性，这是一个近乎完美的定义，但是，由于财务会计确认和计量规则的限制，报告收益是无法衡量经济收益的。这也就是在理论上多数学者都认可这一盈余质量的定义，但在实务中由于经济收益无法准确计量，因此人们只能尽量通过选用中立无偏的会计处理方法，使会计收益尽可能趋近于经济收益。

2. 决策有用观下的盈余质量。自从 Ball 和 Brown（1968）证明了会计收益具有信息含量之后，对会计信息有用性的研究越来越多。将盈余质量的定义与会计信息质量特征相结合，也越来越被学者们所接受，如 Wild 等（2007）认为"盈余质量是指盈余在衡量公司绩效时的相关性"。用会计信息质量特征来衡量盈余质量，这符合盈余作为一种会计信息的"天然属性"。任何一种盈余质量的定义，都不能排斥会计信息质量特征的要求，只能是结合盈余的特点对会计信息质量特征的补充和完善。

3. 现金流观下的盈余质量。在现金流观下，盈余质量被认为是盈余与现金流的匹配程度。应计制是财务会计的一项重要特征，也是财务会计确认和计量的理论基础。在应计制下，公司盈余的实现与现金的流入通常不会同步。在当今"现金为王"这样一个非常重视现金流的经济环境中，报告的盈余与现金的匹配程度成为衡量盈余质量的一个重要标准。

很多学者用盈余与现金流的关系来界定盈余质量的内涵，如 Siegel 和 Shim（1981）认为高质量的盈余应该有现金的支撑，盈余实现所基于的交易应该非常接近于现金的实现。Mikhail 等（2003）在研究市场对股利变化的反映是否与盈余质量有关时，将盈余质量界定为公司过去盈余与未来现金流量相联系的程度。

盈余如果不能转化为现金的流入，那么这种盈余就是低质量的。用盈余与现金的关联程度来界定盈余质量，这种标准可以认为是盈余对未来现金流量的预测

[①] 美国 SEC 前主席。

能力，实际上仍然是相关性的范畴。

4. 盈余管理观下的盈余质量。在盈余管理观下，盈余质量被认为是盈余生成过程中的盈余管理程度，盈余管理程度越高，盈余质量越低，反之，盈余质量越高。盈余管理是在公认会计原则的约束下，管理层有意识的选择会计处理方法，以达到其影响盈余数字的行为。由于薪酬、职位等众多动机的存在，管理层在选择会计准则时所故意进行的盈余管理行为毫无疑问也会影响盈余质量。

在众多的研究成果中，多数学者从盈余管理的角度来界定和衡量盈余质量（如利用不同方法对应计项目进行分离，通过判断操控性应计项目的高低来判定公司的盈余质量），如 Balsam（2003）、Myers（2003）、Aboody（2005）等，这实际上是以是否存在盈余管理来界定盈余质量的一种思路。

将是否存在盈余管理（操控性应计项目的高低）作为衡量盈余质量的标准，认为通过盈余管理产生的会计盈余是低质量的，这一概念比较直观，而且在经验研究中容易操作。但是，影响盈余信息效用的因素有公司环境、会计准则本身的质量、管理层选择正确会计准则的客观能力以及管理层的主观盈余管理动机和行为多个层面，仅从是否存在盈余管理来界定盈余质量，未免有失偏颇。

5. 盈余特征观下的盈余质量。对于盈余质量概念的界定，还有一些是基于会计盈余的特征，如盈余的持续性（持久性）和变动性等。

高质量的盈余不应是昙花一现的，而应该是持续的或者持久的，这样才能体现一家公司的盈利能力。Ramakrishnan 和 Thomas（1998）从盈余的构成对盈余的持续性进行了分析，他们认为会计盈余的不同组成部分具有不同的持续性，进而将会计盈余按其持续性分为三类：永久性会计盈余、暂时性会计盈余和价格无关的会计盈余，从而来分析不同盈余的持续性。Lev 和 Thiagarajan（1993）提出"持续性有时指的就是质量"，认为盈余质量就是盈余的持续性。他们从财务分析师在进行证券分析时经常运用的财务变量中挑选出 12 个基础信号作为评价盈余质量的指标。实际上，从盈余的持续性来定义和衡量盈余质量仍然属于"相关性"的范畴。

投资者和借款人一般认为稳定的盈余质量更高，变动性越大的盈余越会被认为是低质量的盈余。另外，管理层在以"洗大澡"（Take a Bath）方式进行盈余管理时，会出现盈余的大幅波动，因此，变动性较大的盈余，通常会被认为是低质量的。但是，这种稳定性一定要是盈余内在的稳定性，否则，由于管理层的干预所认为产生的稳定性就会带有较大的噪声，从而降低了盈余的信息含量。

上述几种观点从不同角度对盈余这种会计信息的质量进行了界定。笔者认为，盈余特征观下的盈余质量定义存在缺陷，虽然持续稳定的盈余能够在一定程度上反映未来盈余，但这种表象不能排除人为操纵的影响，因此，从盈余的持续性和变动性的角度去界定盈余质量，不符合实质重于形式的原则。除此之外，其他关于盈余质量的定义并无冲突：高质量的盈余必然与企业的经济收益一致，也必然会对信息使用者的决策起到有效的作用；如果会计收益与经济收益一致，会计收益必然会转化为现金流；如果盈余的生成存在盈余管理，则必然会使盈余的实质偏离企业的经济收益，会误导信息使用者的决策。

三、盈余管理相关概念小结

利润、收益、损益、盈余这几个概念在内涵上并无太大差异，都被用来表示企业的经营绩效，而且实务中经常混用。但是，盈余管理、财务造假、利润操纵却有着根本的区别。

盈余管理、财务造假为"因"，是对财务报告数字干预的具体行为，这种行为会导致盈余质量的变化。

盈余质量为"果"，是一种客观现实，是企业会计盈余与经济收益的一致性，表现为会计盈余对会计信息使用者决策有用的品质。

从对报告数字干预行为的"度"来看，盈余管理是在会计准则的约束范围之内对报告数字的人为干预，而利润操纵中的财务造假行为则超越了会计准则的限定范围。

无论是盈余管理、财务造假，还是"利润操纵"，都会扭曲企业的会计信息，使得会计利润不能真正反映企业的经济收益，影响会计信息的决策有用性，降低企业的盈余质量。

第二节 盈余管理的动机

盈余管理的动机五花八门，本书将企业进行盈余管理的动机分为融资动机、避管动机、私利动机、税收动机、政治成本动机以及其他动机。

一、融资动机

（一）IPO 动机

IPO 即"首次公开发行"的意思，也就是我们常说的"上市"。企业上市成功，不仅可以为公司获得大量的募集资金，满足企业经营发展的资金需求，而且由于上市后公司原股东的持有股份获得升值和变现途径，原持股股东能够成为

> **法规节选：IPO 中的业绩条款**
>
> ➢ 《中华人民共和国证券法》第十三条：公司公开发行新股，应当符合下列条件：
> - （二）具有持续盈利能力，财务状况良好。
>
> ➢ 《首次公开发行股票并上市管理办法》（中国证监会）第三十三条：发行人应当符合下列条件：
> - （一）最近 3 个会计年度净利润均为正数且累计超过人民币 3 000 万元，净利润以扣除非经常性损益前后较低者为计算依据。
> - （二）最近 3 个会计年度经营活动产生的现金流量净额累计超过人民币 5 000 万元；或者最近 3 个会计年度营业收入累计超过人民币 3 亿元。
>
> ➢ 《首次公开发行股票并在创业板上市管理办法》（中国证监会）第十一条：发行人应当符合下列条件：
> - （二）最近两年连续盈利，最近两年净利润累计不少于一千万元；或者最近一年盈利，最近一年营业收入不少于五千万元。净利润以扣除非经常性损益前后孰低者为计算依据。

"有身价""高身价"的"富翁"，甚至是千万、亿万富翁，因此 IPO 对于非上市公司具有极大的诱惑。而且，在现有制度下，我国 IPO 仍然是审批制，企业面临门槛限制和激烈的同行竞争。因此，在申请上市前上调利润，成为了 IPO 中的普遍现象。

从上述法规可以看出，监管机构对于拟上市公司的财务业绩有着较强的要求。实际上，财务业绩的好坏，也是判断公司能否回报投资者的一个重要标准。因此，从保护投资者利益的角度考虑，监管机构对于拟上市公司的财务业绩制定要求，但这也导致了拟上市公司的盈余管理行为。

历史上，监管机构对于财务业绩的规定曾经非常严格，这也更诱发了盈余管理的产生，"10% 现象""6% 现象"等也成为中国资本市场中公开的秘密[①]。

---

① "10% 现象""6% 现象"是指，中国证监会曾经在 IPO 或增发配股条件中规定过 10% 或 6% 加权平均净资产收益率的要求，结果导致大量公司的上市前或增发配股前的净资产收益率刚好超过 10% 或 6% 这一门槛的现象。

> **案例 2-2：一起上市，为什么你的比我贵？**
>
> 2015 年 6 月 17 日，深圳证券交易所同时有两只新股开始发行申购：KH 药业和 SS 药业。同样为医药行业，KH 药业的发行价格为 13.62 元/股，而 SS 药业的发行价格则为 38.46 元/股。两只股票的相关信息如下：
>
> | 股票简称 | 发行股数 | 发行价格 | 发行市盈率 | 行业市盈率 |
> | --- | --- | --- | --- | --- |
> | KH 药业 | 4 560 万股 | 13.62 元/股 | 22.98 | 65.5 |
> | SS 药业 | 3 000 万股 | 38.46 元/股 | 22.99 | 65.5 |
>
> 另：KH 药业 2014 年扣除非经常损益后的每股收益为 0.6602 元，SS 药业 2014 年扣除非经常损益后的每股收益为 2.23 元。

案例 2-2 中，KH 药业和 SS 药业是两家同一行业、同一天在深交所挂牌的上市公司，然而，KH 药业的股票发行价格仅为 13.62 元，而 SS 药业的股票发行价格为 38.46 元，将近 KH 药业的 3 倍。

我国目前 IPO 企业的股票发行定价采用的是询价机制，但机构在报价时的基本依据仍然是通过 P/E（Price/Earnings，市盈率）估值法来确定拟投资的股票价格。根据"P/E＝每股股价/每股收益"的计算公式，每股股价等于 P/E 和每股收益的乘积，在既定的 P/E（如行业的 P/E、证监会规定的 P/E 上限等）下，拟上市公司的财务业绩（每股收益）直接决定了其发行价格的高低。如案例 2-2 所示，SS 药业 2014 年"扣非"[①]后的每股收益为 2.23 元，而 KH 药业则为 0.6602 元，二者差距甚大，这才是导致两只同一行业、同一天上市的股票在发行价格上产生较大差异的主要原因。

因此，在 IPO 中通过操控利润，进行向上的盈余管理，从而上市成功并获得尽可能高的股票发行价格，是拟上市公司进行盈余管理的一个常见动机。

[①] "扣非"即"扣除非经常性损益"之意。非经常性损益是指与公司正常经营业务无直接关系，以及虽与正常经营业务相关，但由于其性质特殊和偶发性，影响报表使用人对公司经营业绩和盈利能力做出正常判断的各项交易和事项产生的损益。非经常性损益的内容类似财务报表中的营业外收支项目，但又存在差异。"扣非"后的每股收益质量更高，更具有持续性。非经常性损益的具体规定参见中国证监会 2008 年 10 月 31 日发布的《公开发行证券的公司信息披露解释性公告第 1 号——非经常性损益》。

（二）再融资动机

> **法规节选：再融资中的业绩条款**
>
> ➢《上市公司证券发行管理办法》（中国证监会）第十三条：向不特定对象公开募集股份（简称"增发"），除符合本章第一节规定外，还应当符合下列规定：
>
> ■（一）最近三个会计年度加权平均净资产收益率平均不低于6%。扣除非经常性损益后的净利润与扣除前的净利润相比，以低者作为加权平均净资产收益率的计算依据。
>
> ➢《上市公司证券发行管理办法》（中国证监会）第十四条：公开发行可转换公司债券的公司，除应当符合本章第一节规定外，还应当符合下列规定：
>
> ■（一）最近三个会计年度加权平均净资产收益率平均不低于6%。扣除非经常性损益后的净利润与扣除前的净利润相比，以低者作为加权平均净资产收益率的计算依据。

再融资是指已经上市的公司通过配股、增发和发行可转换债券等方式在证券市场上进行的直接融资。再融资中的盈余管理动机与IPO中的盈余管理动机相似，都是为了通过融资门槛并获得尽可能多的募集资金。

与IPO中要求的财务业绩条件不同的是，再融资的条件更为严格。《上市公司证券发行管理办法》规定，增发和发行可转换债的情况下，都要求上市公司最近三个会计年度加权平均净资产收益率平均不低于6%，而且是扣除非经常性损益后的净利润与扣除前的净利润相比，以低者作为加权平均净资产收益率的计算依据。这种财务业绩的要求也是实务中"6%现象"产生的一个重要诱因。

（三）借款动机

银行贷款是大多数企业获得资金的重要途径，对于非上市公司和中小企业而言更为如此。为了降低风险，借款企业的盈利能力、偿债能力、营运能力等都是商业银行在发放贷款时考虑的因素。企业借钱是为了赚钱，只有盈利才能实现借款的目的，只有盈利才能还本付息，因此，盈利能力是商业银行在发放贷款时重点考虑的影响因素。

我国目前已经放开了贷款的利率管制，允许金融机构自主确定贷款利率水平。为了提高资金配置效率和经营收益，商业银行会更加重视借款企业的盈利能力等资质，并在贷款利率、期限等决策中予以体现。

贷款的贷后管理中，银行也会考虑企业的盈利能力及其变化，企业盈利能力变差会导致贷款违约，导致商业银行提前收回贷款、停止发放贷款等。

因此，为了实现获得银行贷款、获得低息的银行贷款、获得期限更长的银行贷款、避免贷款违约等目的，借款企业有动机进行向上的盈余管理。

二、避管动机

（一）扭亏与避免"ST"

> **法规节选：退市风险警示监管中的业绩条款**
>
> ➢ 《上海证券交易所股票上市规则》《深圳证券交易所股票上市规则》：
> 13.2.1 上市公司出现以下情形之一的，本所对其股票实施退市风险警示：
> ■ （一）最近两个会计年度经审计的净利润连续为负值或者被追溯重述后连续为负值；
> ■ （二）最近一个会计年度经审计的期末净资产为负值或者被追溯重述后为负值；
> ■ （三）最近一个会计年度经审计的营业收入低于1 000万元或者被追溯重述后低于1 000万元。

公司股价与财务业绩息息相关，亏损往往导致上市公司的股价下跌，甚至影响上市公司的声誉，进而导致其实体产品销售受到影响。而且，由于很多考核、评价、监管等标准都与是否盈利存在关联，因此，避免亏损成为了上市公司一个重要的盈余管理动机。由于盈余管理具有成本，而且会转回，所以，很多公司将利润调整到盈利即可，而不是无休止的上调。所以，"微利"甚至成为了盈余管理的一个判断标准。

公司如果连续亏损，则意味着经营层面可能出现了重大问题，有可能导致将来退市，风险加大。为了保护投资者利益，提醒投资者做好风险防范，《上海证券交易所股票上市规则》《深圳证券交易所股票上市规则》规定，上市公司出现以下情形之一的，交易所对其股票实施退市风险警示，并在公司股票简称前冠以"＊ST"字样，以区别于其他股票。被"＊ST"之后的股票，成为高风险的股票，公司声誉大大下降，股民趋之若鹜。

公司被"＊ST"之后，不仅声誉受到影响，股票的每日交易限制也发生重大变化,由普通股票每日交易的"10%"涨跌停限制转为"5%"的涨跌停限制。这也是监管部门对投资者保护的一种策略,防止这些业绩差的股票被投机炒作,损害投资者利益。

"*ST"之后,如果继续亏损,下一步就是暂停上市和退市。在面临退市和丧失上市公司资源的强大压力下,上市公司会铤而走险进行利润的操控。而且,对于濒临退市的应被"ST"的公司,也可能成为"壳"资源,被借壳者所青睐,发生资产重组也屡见不鲜。在资产重组中,借壳者往往也充当了盈余管理的帮凶,帮助"ST"公司恢复盈利,输送利益。否则,如果不能保住上市公司的资格,借壳者就会竹篮打水一场空。

(二) 避免暂停上市与退市

法规节选:暂停上市监管中的业绩条款

➢《上海证券交易所股票上市规则》《深圳证券交易所股票上市规则》:14.1.1 上市公司出现下列情形之一的,由本所决定暂停其股票上市:

■ (一) 因最近两个会计年度的净利润触及第13.2.1条第(一)项规定的标准,其股票被实施退市风险警示后,公司披露的最近一个会计年度经审计的净利润继续为负值;

■ (二) 因最近一个会计年度的净资产触及第13.2.1条第(二)项规定的标准,其股票被实施退市风险警示后,公司披露的最近一个会计年度经审计的期末净资产继续为负值;

■ (三) 因最近一个会计年度的营业收入触及第13.2.1条第(三)项规定的标准,其股票被实施退市风险警示后,公司披露的最近一个会计年度经审计的营业收入继续低于1 000万元。

法规节选:退市监管中的业绩条款

➢《上海证券交易所股票上市规则》《深圳证券交易所股票上市规则》:14.3.1 上市公司出现下列情形之一的,由本所决定终止其股票上市:

■ (一) 因净利润、净资产、营业收入或者审计意见类型触及第14.1.1条第(一)项至第(四)项规定的标准,其股票被暂停上市后,

---

> 公司披露的最近一个会计年度经审计的财务会计报告存在扣除非经常性损益前后的净利润孰低者为负值、期末净资产为负值、营业收入低于1 000万元或者被会计师事务所出具保留意见、无法表示意见、否定意见的审计报告等四种情形之一。

"ST"之后如果继续亏损，就将陷入暂停上市和退市的困境中。根据《上海证券交易所股票上市规则》和《深圳证券交易所股票上市规则》"14.1.1"款和"14.3.1"款的规定，如果上市公司在"ST"之后没有实现扭亏而继续亏损的话（即连续三年亏损），将被暂停上市，如果上市公司在暂停上市之后没有实现扭亏、继续亏损的话（即连续四年亏损），将被终止上市（即退市）。

濒临退市之际，上市公司的利润操控动机更强，或者，借壳者、甚至地方政府也会涉入到利润操控之中，操控手段更加多样化，卖子求生、断臂求生、同学捐赠、政府补贴、甚至财务造假等手段都屡见不鲜。

除应对外部监管外，企业集团、主管机构在对子公司或下属机构进行管理时，也往往会制定与业绩相关的考核条款，这些子公司或下属机构为了达到上级部门的业绩监管要求，也会进行相应的盈余管理。

三、私利动机

（一）奖金动机

为了获取奖金而进行盈余管理，这是一个常见的盈余管理动机，无数学术文献和实务案例已经证明了这一点，笔者不再赘述。

（二）减持动机

> **案例2-3：财报发布，精准减持**
>
> YS电子是一家集中小尺寸液晶显示屏研发、设计、生产、销售、服务为一体的深圳民营高新技术股份公司。2010年，该公司高管减持和相关股价的部分信息如下：
> ➢ 公布财报
> ■ 2010年10月29日公布第三季度报告：2010年前三季度营业收入增长29.31%，实现净利润2 518.16万元。

> 股价上涨
- 2010年11月22日股价为51.23元/股（2009年上市后的最高点），与2010年9月3日限售股解禁后的最低点（10月18日，23.07元）相比，涨幅达122.06%。
- 同期，中小板指数增长为12.66%，股价与指数偏离度达到110%。

> 高管减持
- 2010年9月15日至12月6日，YS电子高管完成集中减持，套现1.17亿元。

> 股价下滑
- 从2010年12月高管减持结束后，股价由最高的51.23元/股下滑至2011年10月20日的19.5元/股，降幅达61.94%。
- 同期中小板指数跌幅约为31%，股价与指数偏离度超过30%。

上市造就了一批千万、亿万富翁，但如果持股则仅为纸面收益，而且，我国上市公司普遍存在IPO前的盈余管理，IPO之后的业绩滑坡等原因往往会导致股价返璞归真。因此，很多上市公司，尤其是中小创、民营上市公司的股东，迫切希望上市后套现走人。在证监会规定的解禁期到来之后，往往会大幅减持，并且，为了获得更大的个人收益，这些公司的解禁股股东（往往是公司高管）会制造利好以迎合其股份减持，其中就包括对利润的操控，公告好业绩来提升股价。

案例2-3中，YS电子的高管减持经历了"公布财报——股价上涨——高管减持——股价下滑"的经典减持路线，在股价拉至高点后"精准减持"，股价在减持前后的波动幅度之大令人咋舌，不得不引起大家对其2010年三季度报告真实性的怀疑。

（三）股权激励动机

随着公司股权的日益分散和管理技术的日益复杂化，世界各国的大公司为了合理激励公司管理人员，创新激励方式，纷纷推行了股票期权等形式的股权激励机制。股权激励是一种通过经营者获得公司股权形式给予企业经营者一定的经济权利，使他们能够以股东的身份参与企业决策、分享利润、承担风险，从而勤勉尽责地为公司的长期发展服务的一种激励方法。

股权激励的具体方式很多，如股票期权、股票增值权、虚拟股票、限制性股票、员工持股等。图2-1是一种典型的股权激励（股票期权）各个环节的示意图。

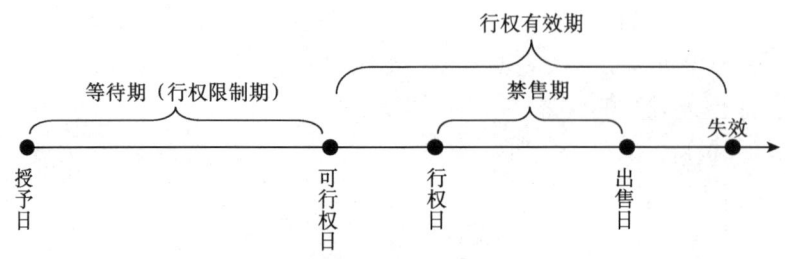

图2-1 典型的股份支付交易环节示意图

授予日是指股份支付协议获得批准的日期。其中"获得批准"，是指企业与职工或其他方就股份支付的协议条款和条件已达成一致，该协议获得股东大会或类似机构的批准。这里的"达成一致"是指，在双方对该计划或协议内容充分形成一致理解的基础上，均接受其条款和条件。如果按照相关法规的规定，在提交股东大会或类似机构之前存在必要程序或要求，则应履行该程序或满足该要求。

可行权日是指可行权条件得到满足、职工或其他方具有从企业取得权益工具或现金权利的日期。有的股份支付协议是一次性可行权，有的则是分批可行权。只有已经可行权的股票期权，才是职工真正拥有的"财产"，才能去择机行权。从授予日至可行权日的时段，是可行权条件得到满足的期间，因此称为"等待期"，又称"行权限制期"。

行权日是指职工和其他方行使权利、获取现金或权益工具的日期。例如，持有股票期权的职工行使了以特定价格购买一定数量本公司股票的权利，该日期即为行权日。行权是按期权的约定价格实际购买股票，一般是在可行权日之后到期权到期日之前的可选择时段内行权。

出售日是指股票的持有人将行使期权所取得的期权股票出售的日期。按照我国法规规定，用于期权激励的股份支付协议，应在行权日与出售日之间设立禁售期，其中国有控股上市公司的禁售期不得低于两年。

关于股权激励、财务业绩与盈余管理的关系可以从以下角度来分析：

一是激励费用角度。股权激励的基本思路是设计一个激励条款（通常是企业的财务业绩增长），如果业绩增长达到目标，被激励对象就可以行权来以相对较便宜的价格购买股票，这就是股票期权。简单地讲，高管努力工作，企业业绩增长，高管低价购买股票，企业承担费用，这就是股权激励的基本逻辑。我们可以利用模型（如布莱克—斯科尔斯模型，即B—S模型）来计算确定股票期权在授予日的公允价值，这就是企业为了激励高管在激励期内努力工作、达到业绩增长目标而承担的成本，需要在激励期内摊销为费用。从盈余管理的角度来看，企业可能会操控 B—S 模型中的参数值，通过降低股票期权的公允价值来降低股权激励费用，减少对企业业绩的冲击；当然，也可能有处于特定时期的企业为了财务洗澡的目的而故意借股权激励之机做低利润（如处于亏损之中），因此会操控 B—S 模型中的参数来提高股权激励费用。

二是激励目标的实现。为了容易实现激励目标，企业可能将授予日定在一个很低的利润点上，以求后期更容易实现利润的增长目标，甚至不惜故意做低激励期起点的利润。

三是股价角度。行权的股价是起点，解禁出售的股价是终点，二者的差异决定了被激励的高管的个人收益。会计信息会影响股价，好业绩能提升股价，差业绩会拉低股价。在股票解禁之前，通过盈余管理提高利润，甚至人为制造利好消息来提升股价，配合高管出售股票获利，这是很多施行股权激励的公司采用的手段。

员工持股计划（Employee Stock Option Plan，简称 ESOP）是针对员工、而不单单是针对高管的一种股权激励。在这种激励方式下，企业有动机为了让持股员工的利益最大化，采用在购入股票前做低利润以压低股价、在解禁出售前做高利润提高股价的盈余管理手段。ESOP 中盈余管理的案例，参见本书第六章中 KZ 药业的案例分析。

（四）职位动机

高管变更前后存在的盈余管理已被较多学者所证实。关于离任高管与盈余管理之间关系的研究结论基本一致，学者们认为高管变更前的盈余管理程度会更高，因为离任高管需要高业绩的支撑来追求更强的经理人市场竞争力或者退休金待遇。而继任高管与盈余管理之间关系的结论则不一致，有人认为继任高管会在继任当年"洗大澡"，并把业绩下滑的责任归咎于其前任，从而为继任后的下一年度实现盈利或增长奠定基础，也有人认为继任高管"新官上任三把火"，在继任当年就会有明显的向上盈余管理行为。

中国的经理人市场发展缓慢，甚至是缺失的（厉以宁，2015）[1]。中国企业高管的聘用远不如西方市场化，国企高管变更中的政府干预、民企高管变更中的家族传承现象非常明显。中国企业的薪酬激励机制也远未完善，但业绩与职位之间的关联却广泛存在。因此，从中国上市公司高管的角度来看，他们受到奖金计

---

[1] http://tech.163.com/15/1222/14/BBEQ0SMT00094ODU.html.

划的刺激来操控利润的动机不如西方强烈,但通过盈余管理提升利润,从而获得职务提升或政治升迁,却成为很多国企上市公司或集团下属公司高管盈余管理的重要动机。

> **案例 2-4:高管变更,利润微增**
>
> SH 公司和 SY 公司是中国的成品油和石化产品供应商,财富世界 500 强前列企业,大型央企。下表是 SH 公司和 SY 公司净利润的情况。
>
> | 年度 | SH 公司净利润 | SY 公司净利润 |
> | --- | --- | --- |
> | 2006 | 530 亿元 | 1 427 亿元 |
> | 2007 | 572 亿元 | 1 435 亿元 |
> | 2008 | 261 亿元 | 1 261 亿元 |
> | 2009 | 640 亿元 | 1 064 亿元 |
> | 2010 | 768 亿元 | 1 507 亿元 |
> | 2011 | 769 亿元 | 1 460 亿元 |
> | 2012 | 664 亿元 | 1 306 亿元 |
>
> 2011 年 4 月 1 日,S 先生离任 SH 公司董事长职位(2007 年 6 月从 L 省委常委、组织部长职位空降 SH 公司主政,任 SH 集团总经理、党组书记),次日,S 先生上任中共 F 省委委员、常委、副书记。2011 年 4 月 8 日,F 先生接任 SH 公司董事长。
>
> 2015 年 10 月 7 日,F 省委副书记、省长 S 先生涉嫌严重违纪,接受组织调查。2017 年 7 月 18 日,最高人民检察院对其以涉嫌受贿罪立案侦查,并采取强制措施。

案例 2-4 展示了我国两家石油公司历史期间的财务业绩,并附上了相关的一些高层变动信息。案例 2-4 的各年利润数据中,SH 公司 2010 年的 768 亿元和之后 2011 年的 769 亿元可能是最吸引眼球的两个数字,一是两个数字过于接近,二是相差只有一个亿,增长率只有 0.13%,属于严格的"微增"范畴,但无论怎样,利润确实没有下降,而是"增长"了。不仅如此,恐怕仔细深探,好多数字都有故事可挖。对于案例 2-4 中的利润数字变动原因和更多的故事,笔者不再单独做分析,留给读者自己分析讨论。

四、税收动机

不同类型的公司,盈余管理的动机和方式也会存在较大差异。一般而言,大公司、上市公司、国有企业往往由于奖金、股票、职位等方面的诱惑，大多会进行向上的盈余管理，调高利润，而小公司、非上市公司、民营企业则更多考虑的是向下的盈余管理，调低利润，达到避税的目的。需要说明的是，盈余管理所调低的利润，并不一定能够达到避税效果，因为会计利润并不一定等于应税所得。因此，避税动机下的盈余管理，往往不是简单通过会计方法所进行的应计盈余管理，更多的是通过操控具体业务而进行的真实盈余管理。

通常所讲的盈余管理，是指对净利润这类最终利润结果数字的操控，但近些年来一些构成利润的具体项目的操控越来越多地被发现，如针对收入、期间费用、研发支出等的操控，因为有时候这些具体的损益类项目也成为相关考核或评价的基础。除了向下操控利润甚至制造亏损进行避税外，利用税收优惠政策来操控某些具体的损益类项目也是企业常用的方法，例如，操控研发支出就是一种典型的具体损益类项目的操控。

案例2-5：黄酒也有高科技

湖南SJ公司是湖南省Y市生产销售黄酒的一家公司，在2010年IPO已经上会通过并准备股票发行前被举报，最终上市失败。

在SJ公司披露的招股说明书中，其2007—2009年的研发费用占营业收入的比例分别为：4.02%、4.01%、4.01%，营业收入分别为：8 693万元，12 282万元，15 967万元。

我国《高新技术企业认定管理办法》中规定，申请高新技术企业认证的公司，近三个会计年度的研究开发费用总额占销售收入总额的比例符合如下要求：

1. 最近一年销售收入小于5 000万元的企业，比例不低于6%；
2. 最近一年销售收入在5 000万元至20 000万元的企业，比例不低于4%；
3. 最近一年销售收入在20 000万元以上的企业，比例不低于3%。

招股说明书披露，SJ公司于2008年12月31日被认定为高新技术企业，所得税率由33%降至15%，而且公司为我国黄酒行业首家高新技术企业。

4.02%、4.01%、4.01%：刚过阈值4%的三个数字，背后有何故事？

案例2-5列示了黄酒行业IPO失败的SJ公司关于研发费用的一些资料。从SJ公司上市前的营业收入来看，如果申请高新技术企业认证的话，需要研发费用占营业收入比例达到4%以上，而该公司三年的三个刚过阈值4%的极其精妙的研发费用比例，恰到好处地帮助公司申请到了高新技术企业的资格，获得了15%的低税率优惠。然而，有多少人会相信，SJ 公司实际发生的研发费用，刚好都是 4.01% 吗？

五、政治成本动机

政治成本假说是实证会计的三大假说之一（三大假说包括分红假说、债务契约假说和政治成本假说）。

政治成本是指某些企业面临着与会计数据明显正相关的严格管制和监控，一旦财务成果高于或低于一定的界限，企业就会招致严厉的政策限制，从而影响正常的生产经营。

企业面临的政治成本越大，管理者就越有可能调整当期报告盈余。特别是战略性产业、特大型企业、垄断性公司，其报告盈余较高时，会引起媒介或消费者的更多关注，政府迫于压力，往往会对其开征新税、进行管制或赋予更多的社会责任。为了避免发生政治成本，管理者通常会采用那些将其利润递延至未来的会计政策，设法降低报告盈余，以非暴利的形象出现在社会公众面前。而与此相反，一些国有企业为达到迎合上级主管监管目标和获取政治资本的目的，往往会调增利润，以避免企业及管理层受到的政策管制和行政处罚。

政治成本盈余管理动机在实务中经常体现在：为了维持与提高产品或服务的垄断价格，电力、水务、石油、天然气、甚至房地产等垄断性或暴利行业采用提高成本或费用的方法降低利润，减少政府、媒体及公众的关注，或者某些国企、政治关联企业基于政府监管或政治关系、政治地位的考虑而调整利润。对于上述企业财务业绩的异常降低或提高，都要引起关注。

六、其他动机

除了上述动机外，还有一些盈余管理动机也需要我们关注。

（一）迎合分析师

在资本市场中，财务分析师扮演着越来越重要的角色。对于投资者而言，分析师的分析报告是一种重要的会计信息，对于其股票买卖决策有重要的影响，公司业绩是否达到分析师预测的结果，对于公司股价会产生直接影响。意识到分析师在公司股价中的影响作用，上市公司会采用盈余管理来达到或超越分析师预测（即第一章文献综述中提到的 Meet or Beat）。

> ### 案例 2-6：全世界盈利最具可预测性的公司
>
> 2002 年，在华尔街财务分析师评选"盈利最具可预测性的公司"中，通用电气"荣登榜首"，获得了满分。
>
> 通用电气获选的理由是，该公司从来没有让华尔街的财务分析师失望过，过去 17 年 68 个季度报告的每股收益（EPS）不是等于就是略微超过财务分析师的预测（Meet or Beat）。
>
> 通用电气奉行典型的多元化经营战略，横跨许多个行业，从飞机发动机到医疗器械、工业照明等，受宏观经济周期波动的影响很大，但它过去 68 个季度每股收益却能波澜不惊，令人匪夷所思。

案例 2-6 给出了资本市场中迎合分析师预测的一个经典案例。事实上，华尔街将通用电气（GE）评为"全世界盈利最具可预测性的公司"，带有很大的讽刺意义，说明通用电气基本上按照华尔街对每股收益的预期进行盈利报告。从这个意义上说，通用电气显然是名副其实的"收益平滑化"顶尖高手。不少投资银行家认为，通用电气是一个积极的盈余管理实践者。为了消除利润波动，通用电气经常用重组费用来抵销出售大型资产带来的一次性收益，这样做能避免收益上升得太高，导致在以后年度里无法再超越。通用电气还选择一些权益资本的出售甚至是收购活动的时间，以便在需要的时候"制造"利润①。

（二）业绩承诺

出于对投资者权益的保护（尤其是中小投资者），上市公司在发生特定交易或特定情形下会做出一些业绩承诺（如并购重组、股权分置改革等之时）。上市公司如果不能实现所做出的业绩承诺，则需要通过现金或股份等对股东做出补偿。

> ### 案例 2-7：倒签交房日期，实现业绩承诺
>
> YH 公司开发的楼盘"YJ 名都"，在竣工验收过程中可谓一波三折：
> - 原计划于 2008 年 12 月竣工交房，但未能通过竣工验收。
> - 2009 年 3 月，再次申请竣工验收，但是建设局验收时发现该小区仍未达到竣工验收标准，该次验收仍未通过。

---

① http://www.people.com.cn/GB/paper87/2734/392149.html.

> 2009年5月,"YJ名都"终于通过验收,开始向业主交房。
■ 交房时,业主被要求签署交房日期为"2008年12月28日",并给予业主每日万分之二的延误补偿。
　　YH公司在2008年报中确认"YJ名都"楼盘销售收入2.2亿元,公司当年实现净利润8 201万元(扣除非经常性损益后的净利润为8 090万元)。
　　2007年,YH公司开始进行股权分置改革。YH集团对重组后上市公司YH公司的未来三年经营业绩作出承诺,如果重组后公司不能达到承诺目标,YH集团将对本公司追加对价股权登记日收市后登记在册的无限售条件的流通股股东追加对价一次,追加对价的股份总数为3 402万股。其中一项业绩承诺标准是"本公司2008年度实现的净利润不低于8 000万元"。

在案例2-7中,YH公司通过"努力",在2008年实现净利润8 201万元(扣除非经常性损益后的净利润仅为8 090万元),恰到好处实现了自己做出的"本公司2008年度实现的净利润不低于8 000万元"业绩承诺目标。在这次业绩目标的实现中,其收入的"造假操控"功不可没①。

(三) 出售子公司

通常我们看到的盈余管理,都是对自己公司的利润或具体利润指标进行向上或向下的调整,以达到融资、股价、税收等目的,然而,当集团公司、上市公司在出售子公司时,也有可能通过对拟出售的子公司利润调整,提高其估值和谈判基础,从而达到股权出售利益最大化的目的。在这种情况下,通过减免管理费及其他内部费用、采购或销售等关联交易利益输送等操控方式,在拟出售子公司之前做高其业绩,从而提升拟出售子公司的出售价格。

第三节　盈余管理的形式

企业进行盈余管理的基本表现形式有提升利润、降低利润和平滑利润三种形式。

---

① http://house.hexun.com/2009-06-09/118465553.html。

一、提升利润

提升利润（Income Increasing）是一种最常见的盈余管理形式，在融资、奖金、职位、扭亏、保牌等动机驱使下，通过各种方式来提高企业的利润，这种操控屡见不鲜。

二、降低利润

降低利润（Income Decreasing）是另一种盈余管理形式，在避税动机、政治成本动机或者扭亏无望时为了加大亏损等动机下常被使用。

在企业扭亏无望的情况下，考虑到次年的业绩要求，"摆烂""让我一次亏个够"也是常见的利润操控选择，这种盈余管理方式被称作"洗大澡"（Take a Bath，或 Big Bath）。洗大澡特指公司通过有意压低坏年景的业绩，将利润推迟到下一年度集中体现，以达到下一年度业绩大增的会计操纵手段。常见的手法包括大规模计提坏账准备、存货跌价准备等资产减值准备（也有企业将多年积压、隐藏的亏损等集中处理，如处置贬值资产等），导致当年业绩大减甚至亏损，在下一年度则恢复正常计提，形成业绩大幅增长的假象，公司实际经营状况其实没有改观。

企业是否洗大澡通常可以从以下 4 个迹象来判断：

1. 洗澡机会明显。一般而言，为了掩饰洗大澡的行为，进行洗大澡要有一个合适的借口，例如市场坏境突然恶化、地震、火灾、冰雹等突发灾害、产品安全事故等。当然，有些企业在连续亏损、扭亏无望的背景下，为了下一年尽快恢复盈利，也会不择手段进行洗大澡。还有的企业由于过往年份长期操控利润，虚盈实亏时间太久，长期的压力导致企业在合适的时机出现时，就会进行洗大澡，以减少以后的财务负担，为此甚至编造理由，典型的如獐子岛的"冷水团"事件，迄今为止，外界仍然无法清楚获悉，獐子岛到底因为冷水团损失了多少虾夷扇贝。

2. 操控方法单一。在洗大澡时，往往不需要采用高深的、隐蔽的盈余管理方法，企业通常会采用最简单的方法下调利润，例如大幅计提资产减值准备、低价处置非流动资产，甚至推迟收入确认、提前确认费用等。

3. 本期利润下滑剧烈。既然是洗澡式的利润操控，那么利润的下调幅度往往非常大，大到足以让下个会计期间轻松盈利，否则洗大澡就失去了意义。

4. 下期利润回升明显。洗澡的目的是为了将更多的损失、费用前移，为下期利润回升做准备，因此，洗大澡式盈余管理的一个明显迹象是，洗澡后的下一个会计期间往往会迅速提升利润、恢复盈利。

案例2-8:"亏损王"的扭亏之路

LY公司从2007年走下神坛之后,业绩一直未有明显好转,甚至因为巨亏而被带上"亏损王"的帽子,公司近几年的财务业绩如下(净利润和资产减值损失单位为亿元,每股收益为元):

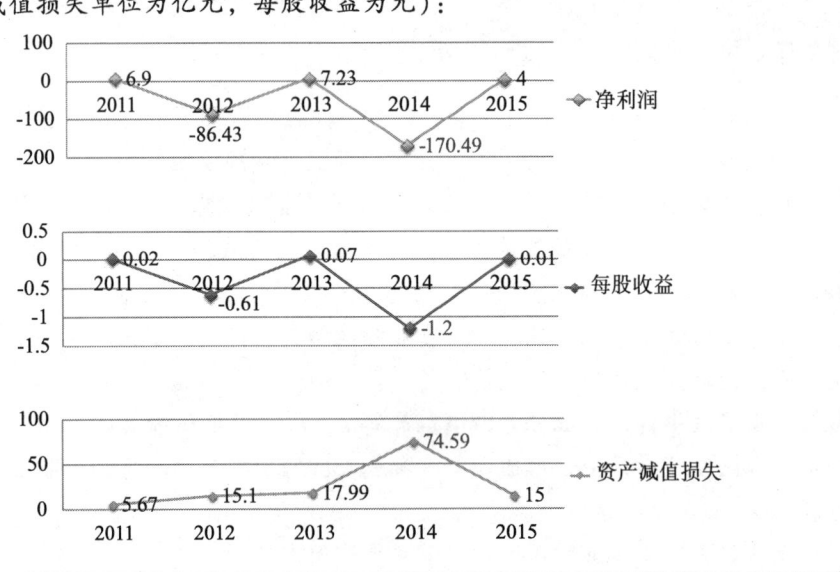

案例2-8的资料显示,LY公司多年亏损,即使偶有盈利也是微利,而且其利润趋势体现出典型的"亏盈交替"状态,恰好避免了陷入"ST"的困境。然而,在2014年,LY公司的财务业绩暴降,发生了惊人的巨亏170多亿元,每股收益降低到-1.2元/股,而导致这一利润巨亏的主要推手,则是大幅计提的资产减值损失(2014年计提了74.59亿元的资产减值损失)。2014年的洗大澡,终于换来了2015年的盈利,不过,仍然是0.01元/股的微利,LY公司在2015年仍然未能走出困境。

三、平滑利润

业绩的波动意味着风险的存在,因此,上市公司更倾向于报告平稳的收益,利润平滑行为由此而生。

所谓平滑利润(Income Smoothing),就是指管理层为隐瞒公司的实际业绩表现,而利用应计项目等会计调整方式来使企业的利润减少波动。即有意压低生意兴旺年度的报表利润,将其转移到亏损年度或利润差的年度,使公司财务报表反映出持续稳定的盈利趋势。

平滑收益的做法也被称作"甜饼罐式盈余管理"（Cookie Jar Accounting），意指企业通过"以丰补歉"的方式来调整利润，业绩好时"存"一点，业绩差时"取"一点。

案例 2-9：丰厚业绩下的"甜饼罐"

BG 公司在 2003 年对其运输类固定资产的折旧年限和折旧率进行了调整：

- ➤ 变更前年折旧率为 9.6%—16%，全年折旧费用为 4.87 亿元；
- ➤ 变更后年折旧率为 9.6%—19.2%，全年折旧费用为 23.94 亿元；
- ➤ 本年利润相比变更前减少 19.06 亿元。
- ➤ 变更理由：

■ 公司对固定资产使用寿命进行了复核，发现部分固定资产（即运输类固定资产）受公司产能不断扩大、国外同类设备更新加快导致进口运输设备维修备件短缺和排污控制标准提高等因素的影响，原预计使用年限与实际存在的情况存在较大差异。

上述调整之后，BG 公司 2003 年仍净赚 70 亿元。

案例 2-9 显示出，BG 公司在 2003 年盈利大好的情况下，通过变更固定资产折旧的会计估计变更，导致当年利润减少 19 亿元。即便如此，业绩大好的 BG 公司在 2003 年仍然实现了 70 亿元的净利润。

对于特定资产而言，折旧的总金额是固定的（原值－净残值），今年多计提 19 亿元的折旧，利润少赚 19 亿元，以后的折旧就会减少 19 亿元，为后期的利润平滑奠定了基础。

第三章

盈余管理的方法（一）——高频方法

从不同的角度来看，盈余管理的分类方法有很多。笔者根据具体操控的项目，结合会计准则，主要从收入操控、存货操控、固定资产操控、无形资产操控、股权操控、资产减值操控、资产交换操控、债务重组操控、借款费用操控、政府补助操控、或有事项操控以及其他项目操控等角度来分析企业常用的12类盈余管理方法[1]。虽然不能穷尽，但上述内容基本可以涵盖企业的绝大多数主要盈余管理行为。笔者将上述方法分为"高频方法"和"低频方法"两章进行分析：高频方法是相对使用较多的方法，包括收入操控、存货操控、固定资产操控、无形资产操控、资产减值操控、股权操控；低频方法是相对使用较少的方法，包括资产交换操控、债务重组操控、借款费用操控、政府补助操控、或有事项操控以及其他项目操控[2]。

第一节 收入操控

一、收入操控：规则分析

从收入操控的角度来看，与收入确认和计量有关的会计准则或会计原则的内容主要涉及收入确认的基础、销售商品收入的确认条件、分期收款销售商品收入的确认、完工百分比的确定等。

---

[1] 如本书第二章所述，尽管盈余管理和利润操控并不相同，但实务中通常很难对二者准确区分，尤其是从外部信息使用者角度。因此，本书后文并不严格区分盈余管理和利润操控两个概念。

[2] 这种分类只是一个大致的分类。实务中，根据企业类型、特点、经济环境、制度环境等背景的不同，哪些属于"高频"，哪些属于"低频"，并不一定。

(一) 收入确认的基础

权责发生制(也称应计制,accrual basis)是确认收入和费用的基础。按权责发生制的要求,企业在确认收入和费用时,应当以取得收入的"权利"是否形成为标志来确认收入,而不论其款项是否已经收到;同时,应当以企业承担费用的"责任"是否发生为标志来确认费用,而不论其款项是否已经支付。按照权责发生制的要求,在当期确认的收入,其收款的"权利"必须形成于该期;在当期确认的费用,其付款的"责任"必须发生于该期。

实务中,"收到"和"支付"是确定的、清晰的,但"权利"的形成和"责任"的发生却需要会计人员的专业判断,存在一定的主观性,这为盈余管理创造了条件。

(二) 销售商品收入的确认条件

现行准则要求销售商品收入同时满足下列五个条件才能予以确认:(1) 企业已将商品所有权上的主要风险和报酬转移给购货方。(2) 企业既没有保留通常与所有权相联系的继续管理权,也没有对已售出的商品实施有效控制。(3) 收入的金额能够可靠地计量。(4) 相关的经济利益很可能流入企业。(5) 相关的已发生或将发生的成本能够可靠地计量。实务中,对于上述五个条件的分析要求较高的会计职业判断主观性,另外,由于不同行业标准差异性,导致了这些条件在实务中使用的主观性较大。

2017年7月5日,财政部修订发布了《企业会计准则第14号——收入》(财会〔2017〕22号),自2018年1月1日起施行。新的收入准则要求企业应当履行合同中的履约义务,即在客户取得相关商品控制权时确认收入。当企业与客户之间的合同同时满足下列条件时,企业应当在客户取得相关商品控制权时确认收入:(1) 合同各方已批准该合同并承诺将履行各自义务。(2) 该合同明确了合同各方与所转让商品或提供劳务(以下简称"转让商品")相关的权利和义务。(3) 该合同有明确的与所转让商品相关的支付条款。(4) 该合同具有商业实质,即履行该合同将改变企业未来现金流量的风险、时间分布或金额。(5) 企业因向客户转让商品而有权取得的对价很可能收回。

本次修订保持了与国际会计准则理事会2014年新发布的收入准则(IFRS 15)持续趋同。新的收入准则使得一些收入确认的时间相比较目前的准则被提前或递延,并且导致收入确认的主观性进一步增加,而且,可能会导致2017年至2018年过渡期间收入确认的错记和被操控等问题发生。新的收入准则下,企业(尤其是上市公司)在收入领域的盈余管理方式需要更多的实证研究和案例来支撑,我们拭目以待。

(三) 分期收款销售商品收入的确认

现行准则规定：合同或协议价款的收取采用递延方式，实质上具有融资性质的，应当按照应收的合同或协议价款的公允价值确定销售商品收入金额。应收的合同或协议价款与其公允价值之间的差额，应当在合同或协议期间内采用实际利率法进行摊销，计入当期损益。在分期收款销售商品时，递延收款"是否具有融资性质"的判断，确实存在较大的主观性。

(四) 完工百分比的确定

企业在资产负债表日提供劳务交易的结果能够可靠估计的，应当采用完工百分比法确认提供劳务收入。完工进度可以选用已完工作的测量、已经提供的劳务占应提供劳务总量的比例、已经发生的成本占估计总成本的比例来计算确定。实务中，完工百分比的确定在行业间差异很大，其准确与否往往很难准确验证，被操控的概率很大。

二、收入操控：方法分析

收入操控的方法可以分为操控收入确认时间、创造收入以及收入造假等几种方式。

(一) 操控收入的确认时间

1. 发货前确认收入

"发货"是收入确认中最为重要的一个时点和依据。在大多数销售型企业中，货物的发出是确认风险和报酬转移（或控制权转移）以及合同得到实质性履行的重要依据，实务中也被大多数企业默认为收入确认的时间点。

然而，货物发出时间、出库单被企业操控、甚至伪造，以达到提前确认收入的目的，这在实务中却屡见不鲜。由于商品销售与发货是连续的，审计往往滞后于收入确认时间较久，因此，这种通过对出库单的操控、在货物实际发出之前确认收入的行为，实务中很难被发现，成为许多企业操控收入的重要手段。

2. 受货前确认收入

不同行业、不同企业在确认收入时，并不一定都按照出库时间来作为收入确认的节点，这本身也符合风险和报酬转移（或控制权转移）以及合同实质性履行的实际。例如，企业的出口销售会采用 FOB（Free On Board，离岸价）、CIF（Cost, Insurance and Freight，到岸价）等不同的价格条款，商品风险的转移时点也存在不同。也有很多企业在收入确认中要求除了出库单之外更多的单据支撑（如运送单据、收货确认函等），才表明商品风险和报酬的真正转移，并依此确认收入。因此，对于不同行业、不同企业而言，纷繁复杂的实务收入确认标准为企业创造了收入操控便利，也成为发现收入操控的障碍。

3. 提前确认委托代销收入

委托代销收入的确认需要代销方提供的代销清单来作为收入确认的依据。实务中，为了提前确认收入，代销清单本身真实性以及日期的真伪都成为委托方操控收入的常见手段。

4. 随意确认预收款销售收入

很多服务性行业会采用预收款方式，如各种健身、娱乐场所的会员卡、充值卡、移动通信服务的预存通讯费等。服务类行业预收款方式下的收入确认要严格遵循配比原则，"服务"提供之后才可以确认收入。然而，实务中"服务量"的确定和此类收入的结转操控非常普遍，主要原因就是"服务量"的可核性弱、核实难度大。

5. 操控有退货条款的收入

在附有退货条款销售时，收入确认要考虑退货情况。如果退货不能合理估计，则需要等到退货期满再确认收入。实务中，一些企业虽然采用的是附销售条款销售，却由于利润需求而在发货后就迫不及待地确认收入。这种情况下，一定要关注退货估计的合理性以及销售合同与退货合同是否分离。

6. 操控完工百分比

建筑施工企业往往采用完工百分比法来确认收入，而完工百分比的确定在很多情况下成为企业操控利润的重要手段。操控已完工作、已经提供的劳务占应提供劳务总量的比例、已经发生的成本占估计总成本的比例，这是有盈余管理动机的建筑施工企业常用的方法，要对这几个数字的准确性加强关注。

7. 操控分期收款销售收入

现行准则规定了"实质上具有融资性质"的分期收款销售应当按照应收的合同或协议价款的公允价值确定销售商品收入金额，这意味着对合同价或协议价"打折"确认收入，而需要调增利润的公司可能并不会这样来做。

如案例3-1所示，SY公司就采用了"不打折"的分期收款销售收入确认方法。我国财政部于2006年2月发布了新的会计准则体系，要求上市公司从2007年开始执行，其中分期收款销售的收入确认方法产生了重大变化，原准则规定采用合同约定的收款日期分期确认销售收入，而2006年颁布的新准则要求按照合同价或协议价全额确认收入，具有融资性质的还要按公允价值确认收入。SY公司在2007年年报中的应收账款突然暴增20亿元，增幅达到157.8%，公司将其解释为"分期收款销售"所致。而且，SY 公司的分期收款方式销售收入的确认原则是收款期在三年以上的，按照公允价值确定收入金额，但三年之内的，按照应收的合同或协议价款全额确认收入，也就是"不打折"。这样一来，相比较按照公允价值确认收入，SY 公司增加了 2007 年的收入确认的金额。而且，将分期收款导致的应收款项记入"应收账款"，而不是"长期应收款"，会导致公司流动资产和流动比率的虚增。因此，SY 公司的分期收款账务处理，可谓一举两得。

案例 3-1：一举两得的分期收款处理

SY 公司在 2007 年年报中披露了其分期收款销售商品的确认方法：分期收款发出商品收入金额的确认，本公司按照以下原则进行：（1）收款期限在三年以内的，按应收的合同或协议价款全额确认收入；（2）收款期限在三年以上的，按照应收的合同或协议价款的公允价值确定收入金额。

该公司还披露了其应收账款大幅增加的原因：

项目	本报告期		上一报告期		比上一年增减	变动原因
	金额	占总资产比例（%）	金额	占总资产比例（%）		
应收账款	2 066 503 739.26	18.49%	801 597 074.15	12.70%	157.80%	分期收款销售一次性确认收入，相应应收款项增加

分期收款销售按合同价款全额确认收入，既增利润，又增流动资产，可谓一举两得。

---

8. 操控买方付款不确定时的收入

如果销售时买方付款具有不确定性，从谨慎性原则角度考虑，收入一般是不能确认的。企业可能会基于特定的盈余管理动机，对于销售时就能判定的、买方付款具有明显的不确定性的商品销售，仍然确认为已实现收入。这种情形下，我们需要了解企业主要客户的财务状况与信用资料等，以识别企业是否确认了不符合条件的收入。

9. 利用错发产品提前确认收入

有些企业为了提前确认收入，在产品尚未完工或商品尚未到位的情况下，通过向购货方发出错误的商品来配置出库单和运送凭证，并依此确认收入。对于此类提前确认收入的操控，需要严格检查出库单和运送凭证的明细构成。

10. 推迟收入确认，压低本期收入

上述提前确认收入的操纵都是向上的盈余管理，但企业有时也有向下盈余管理的需要，如规避政治成本、骗取补贴、财务洗澡等，此时，企业会推迟收入的确认。企业推迟收入确认的方法通常是将收到的货款暂时记入预收账款或其他往来账户，或者是直接和购货方联系推迟交货。

(二) 创造收入

创造收入是一种典型的真实盈余管理，一般需要通过关联方或关系客户来实现，或者通过大幅的销售激励来刺激新收入的产生。

1. 利用关联方或关系客户操控销售

在现有基础上产生新的销售，对于陌生的客户而言往往困难较大，通常需要利用关联方或关系客户来实现。通过母子公司、兄弟公司、重大投资方、关联高管、关联高管家庭成员企业以及关系客户等的协调，企业可能会为了特定的利润目的临时创造一些收入，也可能通过将客户后期的采购提前来实现收入，因此，对于关联方和关系客户的销售，需要特别关注其收入的真实性及收入的价格合理性。

2. 加大销售激励以刺激销售收入

通过加大销售的激励力度，也可以刺激客户的购买欲望，从而创造更多的收入。

案例 3-2：按揭销售，风险去哪了？

SY 公司在 2007 年年报中披露：按工程机械行业经营惯例，承购人以所购买的工程机械作抵押，向银行办理按揭，按揭合同规定单个承购人贷款金额不超过购工程机械款的 7 成，期限最长为 3 年。按公司与按揭贷款银行的约定，如承购人未按期归还贷款，本公司负有回购义务。截止 2007 年 12 月 31 日，本公司负有回购义务的累计贷款余额为 2 228 011 577.21 元，客户逾期按揭款及回购款余额为 127 691 069.82 元，本公司已将代垫和回购的客户逾期按揭款余额转入应收账款并按相应账龄计提坏账准备。

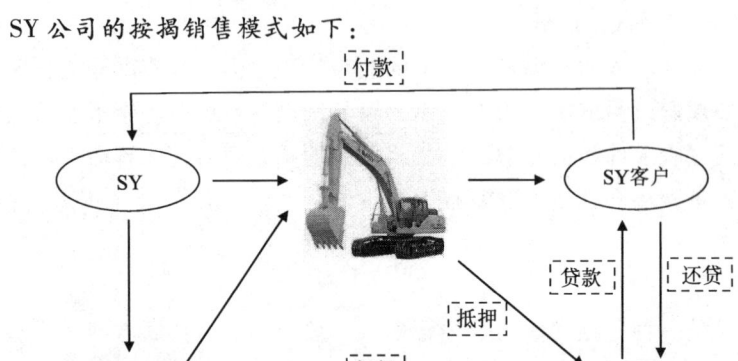

SY 公司的按揭销售模式如下：

SY 公司在 2012 年年报中披露：截止 2012 年 12 月 31 日，负有回购义务的累计贷款余额为 244.86 亿元，客户逾期按揭款及回购款余额为 19.85 亿元。

案例 3-2 显示了 SY 公司的主要销售模式。SY 公司主要生产和销售工程机械，由于工程机械类产品通常金额很高，因此在销售时多采用按揭销售的模式。在按揭销售模式下，SY 的客户在购买 SY 公司的产品后，向银行申请抵押按揭贷款，并由 SY 公司或者 SY 的经销商向贷款银行提供担保。如案例 3-2 所示，截止 2012 年 12 月 31 日，SY 公司负有回购义务的累计贷款余额为 244.86 亿元，客户逾期按揭款及回购款余额为 19.85 亿元。"销售——提货——抵押、担保、贷款——收款"这一看似流畅的销售模式为 SY 带来了巨大的收入，然而，负有回购义务的 200 多亿元的累计贷款余额和近 20 亿元的逾期按揭款及回购款使得我们不禁思考：看似流畅的销售模式下，风险去哪里了？

（三）收入造假

除了提前或延后确认收入、创造收入之外，也有企业铤而走险，采用造假的方式操控收入。

1. 编制虚假合同

通过编制虚假合同，以完全虚构的交易来确认收入，也是一些穷途末路、胆大妄为的企业采用的利润操控方式。

2. 与购货方对开发票

有时候，两家公司都有利润操控需求时，可能会发生"对开发票"的情况，通过互相向对方开出销货发票，存货的库存价值没有变化，但确认了收入，增加了利润。

3. 确认代销收入

对于收取手续费方式的代销行为，受托方是不能确认代销商品的销售收入的。"盈余管理"中所谓的"盈余"，是对公司或公司高管有着利益关联的利润指标，多数情况下是指净利润，但有时"收入"也会成为盈余管理的目标，如为了完成基于收入指标的高管业绩考核、达到分析师的收入预测等。所以，对于代销商品的销货款，受托企业也可能将其操控为自己的收入，尽管有同样的销货成本发生，不会增加净利润，但是"收入"却增加了。

4. 操控售后回购或租回

售后回购或售后租回，由于实质上企业从事的是一种融资行为，因此一般不予确认收入和利润。从售后租回来看，如果回租构成经营性租赁，说明租赁是短期的，销售已经实质性实现，可以将销售价格和账面价值之间的差额计入当期损益。但是，如果回租构成融资租赁，售价与资产账面价值之间的差额应当予以递延，并按照该项租赁资产的折旧进度进行分摊，作为折旧费用的调整。

根据现行租赁准则，符合下列一项或多项标准的，应当认定为融资租赁：（1）在租赁期届满时，租赁资产的所有权转移给承租人。（2）承租人有购买租赁资产的选择权，所订立的购买价款预计将远低于行使选择权时租赁资产的公允价值，因而在租赁开始日就可以合理确定承租人将会行使这种选择权。（3）即使资产的所有权不转移，但租赁期占租赁资产使用寿命的大部分。（4）承租人在租赁开始日的最低租赁付款额现值，几乎相当于租赁开始日租赁资产公允价值；出租人在租赁开始日的最低租赁收款额现值，几乎相当于租赁开始日租赁资产公允价值。（5）租赁资产性质特殊，如果不作较大改造，只有承租人才能使用。

案例3-3：当暂停上市遇到售后租回

ZP公司在2008年和2009年连续两年亏损，面临巨大的退市威胁。

2010年12月10日，ZP公司出售给MS金融租赁股份有限公司部分资产（公司公告称：该资产为食品加工类企业通用机器设备，可用于加工啤酒、果蔬饮品类、乳品饮料类和生物发酵类等各项产品），转让价格为4.5亿元。该公司将该项资产出售后重新租回，并将租回确认为经营租赁，确认出售固定资产损益2.9亿元，当年实现净利润9 044万元，每股收益为0.09元。

ZP公司在2006—2010年的每股收益分别为：2006年-1.61元，2007年0.02元，2008年-0.65元，2009年-0.39元，2010年0.09元。

案例3-3中，ZP公司将所出售给MS金融租赁股份有限公司的资产描述为"通用机器设备"，从而避免了"租赁资产性质特殊，如果不作较大改造，只有承租人才能使用"的条款，最终将售后租回确认为经营租赁，从而确认了2.9亿元的资产处置损益，避免了因连续亏损被暂停上市的风险。

第二节 存货操控

一、存货操控：规则分析

从存货操控的角度来看，相关的会计准则或会计原则的内容主要涉及自制存货的加工成本构成、投资者投入存货的成本构成、存货发出计价方法的选择、存货减值的会计处理等。

（一）自制存货的加工成本构成

存货应当按照成本进行初始计量。存货成本包括采购成本、加工成本和其他成本。存货的加工成本，包括直接人工以及按照一定方法分配的制造费用。制造费用，是指企业为生产产品和提供劳务而发生的各项间接费用。企业应当根据制造费用的性质，合理地选择制造费用分配方法。自制存货加工成本构成中制造费用的归集和分配，具有一定的主观性，为管理层操控产品生产成本留下了空间。

（二）投资者投入存货的成本构成

对于投资者投入存货的成本，准则规定应当按照投资合同或协议约定的价值确定。由于投资合同或协议由股东和公司之间确定，而股东和公司之间的经济利益关系为"合同或协议价格"的公允性操控留下了空间。

（三）存货发出计价方法的选择

现行准则允许企业根据自身实际情况，对存货发出计价方法进行选择使用：企业应当采用先进先出法、加权平均法或者个别计价法确定发出存货的实际成本。不同的计价方法所计算出的销货成本存在差异，因此，这在理论上也为企业利用不同的存货发出计价方法操控利润留下了空间。

（四）存货减值的会计处理

与计提坏账准备类似，对存货价值的减损计提跌价准备也是一种稳健性的做法。

现行准则规定，资产负债表日的存货应当按照成本与可变现净值孰低计量。当存货成本高于其可变现净值，应当计提存货跌价准备，计入当期损益。其中，可变现净值是指在日常活动中，存货的估计售价减去至完工时估计将要发生的成本、估计的销售费用以及相关税费后的金额。而且在会计期末，以前减记存货价值的影响因素已经消失的，减记的金额应当予以恢复，并在原已计提的存货跌价准备金额内转回，转回的金额计入当期损益。

存货可变现净值的确定、减值金额的可恢复性为公司利用存货减值准备的计提来操控利润留下了空间。

二、存货操控：方法分析

利用存货操控利润的方法主要包括操控存货成本、操控期末存货、操控存货产量、以及操控存货发出计价等。

（一）操控存货成本

1. 操控存货生产成本中的人工费用

企业可能会利用存货成本计算中的人工费用归集与分配来调整利润。例如，通过改变公司高层管理人员的职责范围、改变员工的部门归属等方式，将非生产工人的薪酬计入存货成本，降低计入当期损益的费用。

2. 操控存货生产成本中的制造费用

对于大型的生产性企业而言，制造费用、尤其是折旧费用在产品生产成本中占有很大的比例，这也为这些企业通过制造费用调整利润创造了条件。例如，企业可能通过改变固定资产（如管理部门和生产部门均可使用的房屋与建筑物、交通工具等）的受益部门等方式将非生产用固定资产折旧计入制造费用，进而增加存货生产成本，降低期间费用，提高当期损益。

3. 操控生产成本或取得成本

这种方式的操控可能与上述人工或制造费用有些类似，但操作更有特点。

如案例3-4所示，YZ公司是一家煤炭生产企业，属于高危行业，按照会计准则的要求，应该按照生产情况计提将来用于安全生产和维护费用的"专项储备"，这种专项储备在计提时计入当期的生产成本，而在将来使用时则不会再产生费用。然而，正是这种基于"配比原则"的会计处理规则，可能成为有些公司调节利润的一个工具。YZ在2015年全国煤炭行业哀鸿一片的背景下，在收入大幅下滑的情况下，利润却实现了巨幅的增长，遭致了各界普遍的质疑，难怪J投行对其颇有微词。这其中，专项储备可能起到了重要的调节作用。

> **案例 3-4：骗我一次，算你狠；骗我两次，是我蠢**
>
> YZ 公司 2015 年三季报显示，2015 年 1—9 月，营业收入约 384.54 亿元，同比下跌 21.63%；归属于上市公司股东的净利润 13.8 亿元，同比跌幅近 29%。但三季度该公司净利润达到 7.44 亿元，环比二季度有 80% 的增幅，名义上看，费用和成本控制对 YZ 公司的盈利上升起了重要作用。
>
> 包括 J 投行在内的外资投行看来，YZ 公司所谓的"削减成本"，不过是把自己安全生产和维护费用的专项储备给榨干了。J 投行指出，根据中国监管规定，专项储备只能用于维护和安全支出，"但对于 YZ 公司来说，专项储备似乎变成了一种缓冲池，富裕的年份就朝里面注水，到了紧张的年份就从里面抽水。看起来，这个储备对维护和安全支出没什么帮助。"J 投行在对 YZ 公司的研报中大呼："骗我一次，算你狠；骗我两次，是我蠢"（Fool me once, shame on you/Fool me twice, shame on me）。
>
> YZ 公司财报中"专项储备"科目大幅减少，三季度该集团"专项储备"为 9.6 亿元，比年初减少 8.4 亿元（47%）。
>
> "专项储备"是用于维护和安全的强制储备，自 2012 年起 YZ 公司就一直大规模动用这一储备来抵消成本，3 年来这一储备规模下降了 82%。
>
> YZ 公司对"专项储备"大幅下降给出的解释是：由于前三季度动用的专项储备大于当期计提数额。

再如案例 3-5 所示，由于 ABC 公司的 C 股东增资所投入的办公设备，毫无疑问应该按照投资协议记入实收资本账户，并将评估价值和记入实收资本账户的差额记入资本公积账户。但是，改变后的会计处理虽然没有改变进入实收资本账户的金额（这个也很难改变，因为这个金额决定了 C 股东在公司的权益份额），但却改变了资本公积和库存商品的入账金额，这直接减少了该项资产的取得成本，待将来该设备出售时，将会减少销货成本 10 万元，增加销货毛利 10 万元。

> **案例 3-5：投资虚记，暗度陈仓**
>
> ABC 公司是武汉一家经营办公设备销售的公司，由 A、B、C 三名股东等额出资成立。
>
> 2017 年 8 月 18 日，为了扩大企业规模，股东商议增资事项，由 C 股东向公司增资 50 万元，计入实收资本的份额为 30 万元。C 股东用其在另

外一家公司的 2 套市场价值总计为 50 万元的办公设备作为出资。

ABC 公司的会计小王据以制作会计分录如下（税费忽略，简化处理）：

借：库存商品——办公设备　　　　　　　　500 000
　　贷：实收资本——C　　　　　　　　　　　　300 000
　　　　资本公积　　　　　　　　　　　　　　　200 000

C 和 A、B 商量了一下，对小王说，你把账务处理这样改一下：

借：库存商品——办公设备　　　　　　　　400 000
　　贷：实收资本——C　　　　　　　　　　　　300 000
　　　　资本公积　　　　　　　　　　　　　　　100 000

为什么要这样改呢？小王陷入了沉思中。

（二）操控期末存货

对期末存货的操控，主要原因在于结余存货和已销存货之间的直接关联，这从会计上"期初存货 + 本期购货 - 销货成本 = 期末存货"这一基本的等式中可以理解。

1. 虚构存货，虚减销货成本

虚构存货是一种造假行为，但许多企业乐此不疲地采用这一方式调节利润，最重要的原因就是存货盘点的难度大，尤其是一些特殊行业（如水产类、农产品等）的存货，盘点难度极大，使得这些企业更敢于虚构存货。虚减成本、虚构存货是一种利润操控方式，还有些公司为了隐藏其他路径的造假结果，通过将造假收入重新用于购买存货，虚构存货，从而导致存货也可能失真。

如案例 3-6 所示，ZZ 公司宣告因遭遇"冷水团"，导致存货损失 7 亿多元，前三季度公司巨亏 8.12 亿元。这种百年不遇的"冷水团"，"威力"是否如此之大？ZZ 公司海底的扇贝到底死了多少？ZZ 公司之前的业绩是否真实？由于海底的存货难以有效盘点，这些问题的答案可能随着那些贝壳，长眠海底了。

案例 3-6：百年不遇冷水团

2014 年 10 月 30 日晚间，ZZ 公司发布了 2014 年第三季度财报及系列公告，公告称，公司前三季度巨亏 8.12 亿元。原因是，海洋牧场受到北黄海冷水团的影响，几年前在海里播下的价值 7 亿元的虾夷扇贝死亡"绝收"。

> 从预计盈利 7 565 万元到突然称今年前三季度净利润巨亏 8.12 亿元，150 万亩养殖海域颗粒无收，2006 年上市的被誉为"水产第一股"的 ZZ 公司一夜之间变身"蓝田股份第二"，饱受世人诟病。
>
> 对于"死要见壳"的问题，公司董秘的说法是，"扇贝目前的回捕率大约在 10%~15% 左右，每亩播 5 500 枚的话大约只能收回 550 枚。大部分死亡的贝苗要么被冲走，要么被掩埋在海底，只有少量扇贝壳会捞上来。如果死壳都能大量捞回来的话，海底不早被刮坏了吗？"
>
> 在外界看来，ZZ 公司巨亏事件的答案或许将永远尘封在冰冷的海底，成为水底下谁都无法破解的不解之谜。

2. 操控盘点，隐藏存货造假

直接操控存货的盘点也是企业选择的存货操控方式之一。例如，造假企业会通过伪装现场盘点的存货、改变账簿中的存货数量或单价、改变注册会计师亲临观察盘点的存货数和汇总金额、混淆真实的盘点日期等来操控存货盘点。

3. 调节准备，操控减值费用

基于稳健性会计原则，现行准则要求企业在期末按照"成本与可变现净值孰低"的方法进行会计处理，而可变现净值的确定又涉及合同的存货、无合同的存货、材料存货等多种情况，因此，实务中企业通过操控可变现净值和存货成本，在业绩好时多提存货跌价准备以"储存"利润，在业绩差时少提存货跌价准备或者冲回跌价准备以"释放"利润，甚至在业绩很差时利用大幅计提存货跌价准备"洗大澡"，都是常见的利润操控方式。

（三）操控存货产量

通过扩大产量、减少单位存货生产成本从而降低销货成本的操控方式，是一种典型的"真实盈余管理"。企业通过加大生产量，将固定性生产费用分摊到更多数量的产品中，导致单位产品的生产成本降低，从而提高销售毛利。这种操控方式并未发现太多案例，主要原因可能是这种方式的运用在降低单位固定生产成本的同时，需要增加更多的变动成本投入，而且突然增加的大量存货也会增加企业的风险。

（四）操控存货发出计价

不同的存货发出计价方法可以产生不同的销货成本，对利润的影响自然也不相同，因此，理论上变更存货发出计价方法也是一种盈余管理手段。然而，存货发出计价方法并不像折旧、减值那些会计政策或者会计估计一样有直接的经济依据解释。一般来讲，合理的变更可能源于企业会计核算环境变化（如从手工记账转向计算机处理、财务软件的变化等）、企业合并（集团内对存货发出计价方法的统一要求）等外生原因。所以，稍一不慎，存货计价方法就很容易被戴上"操控利润"的帽子。

在案例3-7中，JW公司就变更了它的存货发出计价方法。由于ERP系统变更，JW公司将存货发出计价方法从"先进先出法"变更为"加权平均法"，但由于其信息披露的原因，此次变更招致了媒体质疑。最终，JW公司通过补充公告，才将本次变更解释清楚。虽然本次变更对利润的影响仅3万余元，但足可以反射出会计政策变更这类"应计盈余管理"方式是多么容易引起关注。

案例3-7：变更方法，惹火上身

2012年8月23日，JW公司公布了2012年半年报，报告期公司净利润同比下滑94.2%，其中二季度亏损近1500万元，这样的数据对一只新股来说，显得比较刺眼。

同日，JW公司在其董事会决议公告中宣布变更存货计价方法，将原来的"先进先出法"变更为"加权平均法"，原因是采用了新的财务系统SAP（ERP），该系统要求必须采用加权平均法计价。此举招致了《每日经济新闻》等记者对于JW公司虚假陈述的怀疑。

2012年8月31日公司发布会计政策变更补充公告：SAP（ERP）系统要求必须采用加权平均法计价"的说法有误，SAP公司反馈"SAP系统支持存货计价方法包括计划成本法、实际成本法（含移动平均法、加权平均法、先进先出法、个别计价法）。有关本次会计政策变更的正确原因应为"由于公司采用SAP（ERP）系统进行财务核算，结合SAP中国合作商的专业意见与公司业务实际，采用加权平均法更为适当"。

变更后比变更前2012年1—6月份的主营业务成本减少了32 999.08元。

第三节　固定资产操控

一、固定资产操控：规则分析

从固定资产操控的角度来看，相关的会计准则或会计原则的内容主要涉及自建固定资产成本、投资者投入的固定资产成本、固定资产折旧处理、投资性房地产的会计处理等[①]。

（一）自建固定资产成本

自行建造固定资产的成本，由建造该项资产达到预定可使用状态前所发生的必要支出构成。与存货的生产成本确认类似，自建固定资产的成本构成同样存在较强的主观性问题，为企业留下了虚减收益性支出、虚增固定资产成本（资本性支出）的空间。

（二）投资者投入固定资产成本

投资者投入固定资产的成本，应当按照投资合同或协议约定的价值确定。这种情况与投入存货类似，不再赘述。

（三）固定资产折旧

企业应当对所有固定资产计提折旧，并根据固定资产的性质和使用情况，合理确定固定资产的使用寿命和预计净残值。企业应当根据与固定资产有关的经济利益的预期实现方式，合理选择固定资产折旧方法。企业至少应当于每年年度终了，对固定资产的使用寿命、预计净残值和折旧方法进行复核。使用寿命预计数与原先估计数有差异的，应当调整固定资产使用寿命。预计净残值预计数与原先估计数有差异的，应当调整预计净残值。与固定资产有关的经济利益预期实现方式有重大改变的，应当改变固定资产折旧方法。使用寿命和预计净残值的估计、折旧方法的选择、折旧政策和折旧估计的可变更性等，目的是为了根据不同企业的实际情况而实现"量体裁衣""如实表述"，但同时也留下了较强的"应计盈余管理"操控空间。

---

① 虽然投资性房地产并不属于固定资产，但由于其与固定资产存在的相似和联系，笔者将其放入本节内容中进行分析。

(四) 投资性房地产的会计处理

投资性房地产包括已出租的土地使用权、持有并准备增值后转让的土地使用权、已出租的建筑物。投资性房地产的期末计量可以选择成本模式或公允价值模式。采用公允价值模式计量的，不对投资性房地产计提折旧或进行摊销，应当以资产负债表日投资性房地产的公允价值为基础调整其账面价值，公允价值与原账面价值之间的差额计入当期损益。另外，企业出售、转让、报废投资性房地产或者发生投资性房地产毁损，应当将处置收入扣除其账面价值和相关税费后的金额计入当期损益（准则应用指南的科目说明中，将投资性房地产的处置计入其他业务收入和其他业务成本）。成本模式与公允价值模式的选择、处置损益计入营业利润，这些规定使得企业有可能通过计量模式选择和资产性质变化来操控利润。

二、固定资产操控：方法分析

(一) 操控固定资产的成本

1. 操控投资者投入的固定资产成本

操控投资者投入的固定资产成本，其思路与上述存货中的操控类似，不同的是，虚减固定资产投入成本对于后期利润的影响是通过折旧金额的降低实现的。

2. 操控在建工程的成本与完工结转

自建固定资产在建设完工之前通过在建工程核算，企业可能会将一些费用化的支出资本化到在建工程中，如通过设计或编造管理部门固定资产使用情况变化、行政管理人员工作职责变化等，将本应记入管理费用的折旧费用、薪酬费用等记入在建工程中。

另外，推迟在建工程的完工时间也是一种常见的操控方式。有些企业以建筑项目不达标、试运行等理由推迟结转已实际完工投入使用的固定资产成本，一方面可以避免折旧费用的产生，另一方面还可以继续通过在建工程进行费用资本化。

(二) 操控固定资产的折旧

对于固定资产折旧的操控，是非常多的企业使用的利润调整方法。实务中，大型生产性企业的固定资产金额较大，折旧费用较高，由于折旧方法、年限、残值等角度的选择空间存在，有盈余管理动机的企业会利用固定资产损耗、技术落后等多种原因，通过改变固定资产的折旧年限等来调整折旧费用。

如案例 3-8 所示，AG 公司是一家钢铁生产企业，固定资产金额很高。在 2013 年 1 月，利用"更新维护方面的支出预计人民币 68.9 亿元""提高了设备的使用性能,延长了固定资产的使用寿命"的理由,将其主要固定资产的折旧年限几乎延长至行业最长,从而减少了 12 亿元的折旧费用,最终在 2013 年扭亏为盈,避免了因连续亏损而被暂停上市。

案例 3-8:固定资产,修修更健康

AG 公司决定从 2013 年 1 月 1 日起对公司部分固定资产折旧年限进行调增的处理,具体调整方案如下:

财务分类	目前折旧年限	调整后折旧年限	同行业上限平均水平
房屋	30	40	40
建筑物	30	40	40
传导	15	19	18
机械	15	19	19
动力	10	12	18

公司董事会给出的调整理由是,2012 年公司对固定资产更新维护方面的支出预计人民币 68.9 亿元。公司固定资产购置情况:2007 年及以前人民币 438 亿元,2008—2012 年约人民币 507 亿元。固定资产成新率约为 56%。通过对主体设备生产线进行技术改造,定期对设备进行检修,提高了设备的使用性能,延长了固定资产的使用寿命。

本次会计估计变更预计影响公司 2013 年所有者权益和净利润分别增加人民币 9 亿元,预计 2013 年将比 2012 年少提折旧费用人民币 12 亿元。

2013 年,AG 公司在连续两年亏损之后,终于扭亏为盈,实现盈利 7.6 亿元。

(三)操控固定资产的处置

变卖家产,防止退市,这已成为大多困境上市公司的救命法宝。一些上市公司通过向关联方或潜在的关联方企业出售资产,操控出售价格,实现盈利。

在案例 3-9 中,YD 公司已经连续三年亏损被暂停上市,如果继续亏损,退市毫无疑问。YD 公司在已有的评估价值之上,提高土地出售价格,最终实现了 0.02 元/股的微弱利润,终于防止了陷入被直接退市的尴尬境地。除此之外,这个濒临破产的公司,居然固定资产出售还可以实现 1 629.7 万元的处置利得,也使我们不得不思考此类交易的公允性。

> **案例 3-9：变卖家产，防止退市**
>
> 2009 年 3 月 14 日，YD 公司连续三年亏损被暂停上市。
>
> 公司 2009 年年报"营业外收入"注释显示：
>
> | 项目 | 本期发生额 |
> |---|---|
> | 非流动资产处置利得合计 | 23 349 442 96 |
> | 其中：固定资产处置利得 | 16 297 293 05 |
> | 　　　投资性房地产处置利得 | 7 052 149 91 |
>
> 2009 年年报中披露：公司盘活闲置资产，使 2009 年实现盈利，以具备恢复上市条件。2009 年公司先后将公司闲置多年的资产进行了出售，并且在 2009 年 12 月底，全额收到资产出售款项并完成了资产过户，补充了公司的现金流量。
>
> 在 2009 年 9 月 28 日的资产出售公告中，YD 公司解释为：本次交易价格参照中介机构出具的评估报告以及近期市场成交价格确定的。该项资产评估价值为 3 883.6 万元，该项资产所在区域的土地政府最低保护价格为 22.5 万元/亩。由于该项资产位于 CZ 市新北区，该区域是政府近年重点发展的现代化新城区，潜在升值空间较大，同时，受让方 Y 通信集团江苏有限公司 CZ 分公司目前的办公楼紧邻该地块并急于扩大办公区域。综合考虑，双方最终确定的土地出售价格为 30 万元/亩，该项资产总价为 4 700 万元。
>
> 2010 年 4 月 26 日发布 2009 年年报：净利润 399 万元，每股收益 0.02 元，并于 2010 年 4 月 30 日向深圳证券交易所提出了恢复股票上市的书面申请。
>
> 变卖家产，防止退市，已成为大多困境上市公司的救命法宝。

（四）操控固定资产的减值

现行中国会计准则在固定资产减值方面有其鲜明的特色，即减值之后不得转回。这个貌似遏制利用固定资产减值操控利润的规定，并不一定完全有效，例如，有些企业可能先通过固定资产减值"洗大澡"，然后通过售后回购或售后租回的方式，间接实现固定资产减值的转回。

（五）操控投资性房地产

投资性房地产虽然不是固定资产，但其与固定资产在很多方面有相似之处。对于投资性房地产的操控，主要体现在公允价值计量操控和利润结构操控上。

1. 操控投资性房地产的公允价值计量

> **案例 3-10："国际通行"，利润暴增**
>
> GS 公司 2012 年 6 月 15 日发布《关于会计政策变更的公告》，决定从 2012 年 1 月 1 日起将投资性房地产后续计量模式由成本计量模式变更为公允价值计量模式。
>
> 变更理由为：公司的主要房地产主要用于出租，采用公允价值模式对投资性房地产进行后续计量是目前国际通行的成熟方法，可以更加真实客观地反映公司价值，有助于广大投资者更全面地了解公司经营和资产情况，更能公允、恰当反映 GS 公司的财务状况和经营成果。
>
> 变更的进一步说明：本次会计政策变更后，公司投资性房地产后续计量将采用公允价值计量模式，但公司核心项目 HT 广场目前仍处于装修和招商状态，只有在其完工并投入使用后才能对其采用公允价值计量，并对当年年度报告产生影响。HT 广场在 2012 年内能否完工并投入运营还存在不确定性。
>
> HT 广场属于在建的投资性房地产，截止 2012 年 3 月 31 日的账面价值是以成本计量的入账价值 129 534.07 万元。
>
> 2013 年年报中披露：采用公允价值模式进行后续计量的投资性房地产公允价值变动产生的损益为 54.58 亿元，主要原因为本期在建投资性房地产 HT 广场完工，转入投资性房地产科目核算并以公允价值后续计量。
>
> 2013 年，GS 公司实现净利润 38.7 亿元，每股收益 10.51 元。

这类操控方法主要是将持续升值的房地产资产（土地、房产）作为投资性房地产进行核算，确认公允价值变动损益。例如，有些企业将本来自用的土地虚构为出租目的所有、准备出售的土地，或将准备销售的房地产虚构为出租的房地产等，从而实现公允价值计量，获取房价上升带来的公允价值变动收益。

案例 3-10 中，GS 公司一纸公告，将投资性房地产后续计量模式由成本计量模式变更为公允价值计量模式，从而以成本十几个亿的资产创造了三十多个亿的利润，体现了投资性房地产"创造利润"的超强能力。

2. 利用投资性房地产的处置操控利润结构

现行准则下，固定资产处置损益记入营业外收入，而投资性房地产处置损益则通过"其他业务收入"和"其他业务成本"进入了营业利润。看起来长得一模一样的资产，对利润表的贡献却如此不同，因此，有些企业会通过"非投资性房地产—投资性房地产—公允价值计量的投资性房地产"的转换路径，要么实现公允价值变动损益，要么在资产处置前做一个变更，美化利润结构。

第四节　无形资产操控

一、无形资产操控：规则分析

从无形资产操控的角度来看，相关的会计准则或会计原则的内容主要涉及投资者投入的无形资产成本、无形资产摊销的会计处理、研发支出的会计处理等。

（一）投资者投入无形资产成本

投资者投入无形资产的成本，应当按照投资合同或协议约定的价值确定。这种情况与投入存货类似，不再赘述。

（二）无形资产摊销

理论上来看，无形资产摊销的规则与操控可能性与固定资产类似，但实务中由于通过无形资产的摊销方法变化或摊销年限变化来操控利润太过明显，因此实务中的使用相对较少。

（三）研发支出的会计处理

研发支出的会计处理是无形资产区别于固定资产的最大特点，也是实务中最容易引起利润操控的内容。按照现行准则，企业内部研究开发项目的支出，应当区分研究阶段支出与开发阶段支出，研究支出应当于发生时计入当期损益，开发支出同时满足下列条件的，可以确认为无形资产：（1）完成该无形资产以使其能够使用或出售在技术上具有可行性。（2）具有完成该无形资产并使用或出售的意图。（3）无形资产产生经济利益的方式，包括能够证明运用该无形资产生产的产品存在市场或无形资产自身存在市场，无形资产将在内部使用的，应当证明其有用性。（4）有足够的技术、财务资源和其他资源支持，以完成该无形资产的开发,并有能力使用或出售该无形资产。(5)归属于该无形资产开发阶段的支出能够可靠地计量。是否同时满足上述5个条件,对于不同行业的企业而言,在实务中存在很强的职业判断主观性,留下了较大的利润操控空间。

二、无形资产操控:方法分析

(一)操控无形资产的成本

无形资产的成本操控,从现实来看主要体现在操控投资者投入的无形资产成本上,其思路与上述存货、固定资产中的操控类似,不同的是,虚减无形资产投入成本对于后期利润的影响是通过无形资产摊销金额的降低实现的。

(二)操控无形资产的摊销

无形资产摊销角度的利润操控,与固定资产类似,但更多地发生于无形资产占比高、金额大的公司中,如高科技公司、创业板公司等。

(三)操控研发支出的量

现行税法制度提供了研发支出的加计扣除,因此,从避税的角度来看,很多中小企业更可能采用虚增研发支出的方式来操控研发支出的"量",以降低税收负担。

(四)研发支出资本化

一般而言,在无形资产的各种利润操控手段中,研发支出资本化最为常见,也是对利润结果贡献最大的一种操控方式。企业通常会通过模糊研究和开发阶段划分、虚构研发支出金额、虚构研发支出未来经济利益流入方式等手段来资本化研发支出,提升利润。

案例 3-11:69 万的持续增长

TJ 科技股份有限公司(以下简称 TJ 公司)主营汽车研发和设计等业务。该公司于 2009 年 9 月向深交所递交了创业板上市申请。

TJ 公司的招股说明书中显示:2006—2008 年净利润分别为 1 193 万元、2 472 万元、2 541 万元。其中一项开发支出项目"S11 混合动力跑车项目"2008 年发生开发费用 1 107 万元,2009 年 1—6 月共发生开发费用 273 万元,均资本化。根据招股说明书描述,该开发支出实现产业化的路径如下图所示:

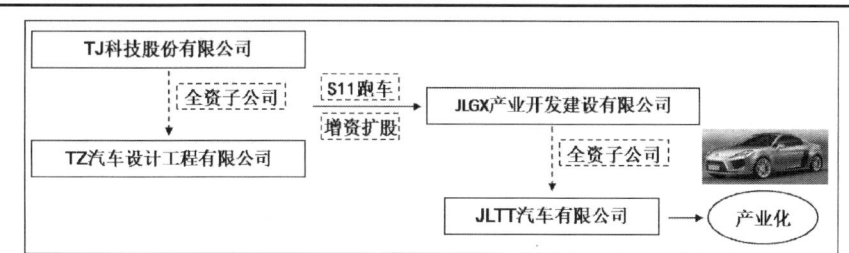

发审委认为，该项跑车研发支出不符合资本化条件，纠正为费用化处理后，将使 TJ 公司 2008 年净利润低于 2007 年，无法满足创业板发行条件的财务指标要求，不符合当时的《首次公开发行股票并在创业板上市管理暂行办法》第十条的规定"最近两年连续盈利，且持续增长"。

TJ 公司申请创业板上市最终在发审委会评中被否决。

如案例 3-11 所示，TJ 公司主营汽车研发和设计等业务，本无资质将所研发的跑车销售来获利，但其通过"TJ 公司—TZ 公司—JLGX 公司—JLTT 公司"的资本流转设计，最终提供了一个将其 1 000 多万元的研发支出资本化的理由。即便如此复杂的设计，也遭致了证监会发审委的否决。笔者猜测，在这一否决决议作出的过程中，可能是 TJ 公司净利润的 69 万微增（从 2007 年的 2 472 万到 2008 年 2 541 万）引发了监管机构对 TJ 公司财务数据真实性的关注，怀疑其是否为了达到连续盈利并持续增长的目标美化利润，并进一步引发了其研发支出会计违规处理的暴露。

（五）操控无形资产的处置

通过操控无形资产的处置来实现利润调整目的，具体操作与固定资产类似。不同的是，相对于有形的固定资产，除了土地使用权这类无形资产和房屋建筑物这类固定资产类似，都存在公允价值很可能实际上升的情况外，其他无形资产处置价格如果不公允，更容易受到外界质疑。

第五节　股权操控

一、股权操控：规则分析

从股权操控的角度来看，相关的会计准则或会计原则的内容主要涉及购入股票的初始确认、长期股权投资的成本法与权益法、企业合并、股权激励等。

(一) 购入股票的初始确认

按照现行准则，企业在二级市场购入的股票，可以在初始确认时作为交易性金融资产处理，后续的公允价值变动计入当期损益，也可以作为可供出售金融资产处理，后续的公允价值变动计入其他综合收益，待出售后再转入当期损益。"交易性金融资产"和"可供出售金融资产"的后续公允价值变动会计处理的差异和两种处理方法的可选择性，会导致企业在初始计量时操控这类金融资产的分类，以达到对自己利润结果产生有利影响的目的。

(二) 长期股权投资的成本法与权益法

按照现行准则，投资方能够对被投资单位实施控制的长期股权投资应当采用成本法核算。采用成本法核算时，被投资单位宣告分派的现金股利或利润，应当确认为当期投资收益。投资方对联营企业（即可以对其施加重大影响的企业）和合营企业（即可以对其共同控制的企业）的长期股权投资，应当采用权益法核算，按照应享有或应分担的被投资单位实现的净损益和其他综合收益的份额，分别确认投资收益和其他综合收益。

在判定对被投资公司是否产生重大影响时，通常投资企业直接或通过子公司拥有被投资单位 20% 以上但低于 50% 的表决权股份时，一般认为对被投资单位具有重大影响。另外，如果在被投资单位的董事会或类似权力机构中派有代表、参与被投资单位的政策制定过程、与被投资单位发生重要交易、向被投资单位派出管理人员、向被投资单位提供关键技术资料等情况下，也可以判定为具有重大影响。

综上，成本法和权益法对当期损益的不同影响诱发了企业选择核算方法以调整利润的动机，而实务中对于权益法的多种原则性判定标准则为企业通过操控来达到权益法标准或退出权益法核算提供了可能。

(三) 企业合并

企业合并后需要编制合并报表，子公司的利润并入母公司之中。另外，在非同一控制合并下，购买方在购买日对作为企业合并对价付出的资产、发生或承担的负债应当按照公允价值计量，公允价值与其账面价值的差额，计入当期损益。这些规定也为企业通过合并盈利的公司、利用合并对价的公允价值估值来创造利润提供了可能。

(四) 股权激励

作为一种薪酬激励形式，股权激励虽不是上述股权投资相关的内容，但也与股票相关，因此在本章一并探讨其利润操控。股份支付会计准则规定，完成等待期内的服务或达到规定业绩条件才可行权的换取职工服务的以权益结算的股份支付，在等待期内的每个资产负债表日，应当以对可行权权益工具数量的最佳估计为基础，按照权益工具授予日的公允价值，将当期取得的服务计入相关成本或费用和资本公积。

简单地讲，由于实施股权激励，在激励期内会对企业产生一大笔费用，影响企业利润。另外，股权激励通常都会确定与财务业绩相关的激励条件。所以，激励费用对利润的冲击、激励条件的实现，都是企业在股权激励中操控利润的动机。

二、股权操控：方法分析

（一）操控购入股票分类

如前所述，购入股票可以在初始确认时作为交易性金融资产处理，后续的公允价值变动计入当期损益，也可以作为可供出售金融资产处理，后续的公允价值变动计入其他综合收益，待出售后再转入当期损益。因此企业会操控购入股票的初始分类，实务中更多的企业是将其作为可供出售金融资产处理，并利用出售时间的选择来调整利润。

如案例3-12所示，FJ公司将其原取得的股票投资作为可供出售金融资产处理，无论股价如何波动，只要不出售，就不会影响利润表。当然，到了"该出手时就出手"的时候，通过出售已经浮盈的股票，为其带来了1个多亿的可观利润，帮助其扭亏为盈。这种在合适的时机选择盈利的资产出售的利润操控方式，也被称作"摘樱桃"（Cherry Picking）式的盈余管理。

案例3-12：卖股票，"摘樱桃"

2009年4月21日，FJ公司披露了2009年第一季度报告，称预计公司2009年上半年将亏损4 500—6 000万元。

2009年5月20日，公司披露了2009年半年度业绩预告修正公告，将2009年半年度业绩修正为预计净利润1 500万元以上，称主要原因是公司于5月14、15日通过上海证券交易所交易系统累计出售其持有的XY银行股票423万股，累计交易金额11 692.47万元，平均交易价格27.642元/股，实现投资收益约11 181.01万元。

同时，FJ公司还披露：公司于5月19日通过上海证券交易所交易系统累计买入兴业银行股票423万股，累计使用资金12 227.93万元，平均买入价格为28.907元/股。

(二) 操控股权处置

股权处置产生的利润与一般的资产处置损益并无太大差异,但是却成为拥有众多子公司或被投资单位的企业的重要利润操控工具。利用股权投资处置产生的损益来调节利润,相比较于处置其他资产来调整利润的差异在于:一是金额大,容易实现盈余管理目标;二是处置金额的非公允性更难验证。股权投资在进行评估时,往往不像普通的存货、固定资产、无形资产那样具有众多的参照物,所以虚增评估价值较难被发现。

案例 3-13:"售后回购",创造利润

XG 公司 2008 年 7 月 6 日发布公告,将 XG 进出口公司 20% 的股权以约 15 772 万元的价格,转让给公司控股股东 XG 集团公司。该股权的账面价值为 666 万元,股权转让收益高达 15 106 万元。

2008 年 7 月 25 日,XG 公司发布公告,重新把 XG 集团持有的 XG 进出口公司 100% 的股权全部买回来(包括 7 月 6 日出售给 XG 集团的 20% 股权)。

XG 公司 2008 年实现净利润 10 185 万元,扣除转让 XG 进出口股权的 15 106 万元投资收益后,XG 公司 2008 年净利润 -4 921 万元。

如案例 3-13 所示,XG 公司使用了简单的"售后回购"的投资处理方式,轻松实现 15 106 万元的股权转让收益,使得 XG 公司从实际亏损 4 921 万元大幅扭转为盈利 10 185 万元。这种盈余管理方式也带给了我们两个思考:所出售的账面价值仅为 666 万元的 XG 进出口公司 20% 的股权的公允价值是否值 15 772 万元?将持有的股权出售后又重新买回,买卖差价是否应当计入当期损益?

(三) 操控权益法

利用长期股权投资权益法进行操控的方法通常为:(1)对于持股比例小于 20%(或其他达不到重大影响的条件)的被投资公司,如果其盈利较好,则通过增持股份(或改变其他条件)达到权益法标准,进而利用权益法确认投资收益。(2)对于持股比例大于 20%(或其他达到重大影响的条件)的被投资公司,如果其亏损,则通过减持股份(或改变其他条件)避免利用权益法确认投资损失。

(四) 利用并购操控利润

1. 非同一控制下合并的操控

在同一控制下的合并中,可以通过高估并购方支付的对价资产来实现资产处置的收益（这可能是一种间接的实现企业资产公允价值上升的方法，也可能是纯粹的虚增合并资产价值的操控方法）。例如，用非现金资产（固定资产、无形资产等）作为支付对价，高估作为支付对价的非现金资产的公允价值，将作为对价支付的非现金资产公允价值与账面价值的差额计入损益。实务中常见的方法有：（1）以滞销的存货用于合并，确认较高的主营业务收入。（2）以固定资产用于合并，确认较高的固定资产处置损益（营业外收入）。（3）以无形资产用于合并，确认较高的无形资产处置损益（营业外收入）。（4）以较差的股权投资用于合并，确认较高的投资收益。

2. 同一控制下合并的操控

在集团内部的同一控制背景下的企业合并中，合并方可以选择盈利较好的目标被并购公司，突击进行企业合并，以获得合并当年的合并利润，或者在合并前低估被合并公司的净资产，合并后处置被低估的资产，以获得资产处置收益。

（五）股权激励中的操控

股权激励中的操控主要体现在：公司会考虑股权激励费用，将股权激励授予日定在股价较低的期间。或者将股权激励放在企业业绩较好的期间进行，以减少对利润的冲击。另外，在公司高管禁售期满之后、出售股票之前，通过虚增利润来提升股价，进而获得更高的股票出售损益。股权激励中的盈余管理思路和方法，本书在第二章的盈余管理动机中有较为详细的介绍，此处不再重复。

第六节 资产减值操控

一、资产减值操控：规则分析

从资产减值的角度来看，相关的会计准则或会计原则的内容主要涉及长期资产减值、流动资产减值、资产组减值等内容。

（一）长期资产减值与流动资产减值的不同规定

长期资产减值损失一经确认，在以后会计期间不得转回，这是中国资产减值准则的特色。目的就是为了防止企业利用长期资产进行利润操控。流动资产（主要是应收账款和存货）的减值，则可以在流动资产价值恢复时予以转回。

（二）资产组减值

企业难以对单项资产的可收回金额进行估计的，应当以该资产所属的资产组为基础确定资产组的可收回金额。资产组的认定，应当以资产组产生的主要现金流入是否独立于其他资产或者资产组的现金流入为依据。同时，在认定资产组时，应当考虑企业管理层管理生产经营活动的方式。

二、资产减值操控：方法分析

（一）操控应收账款的减值

在激烈的市场竞争环境中，应收账款的形成是必然的，发生坏账也是常见的，但如何合理估计不同行业、不同公司的应收账款，确实需要一定的专业估计和判断能力，通过应收账款坏账准备来调节利润也成为了许多企业常用的盈余管理方法之一。

案例 3-14：坏账变更，保留意见

HT 公司 2002 年对其应收账款坏账计提比例进行了变更，计提变更情况如下：

变更前坏账准备计提比例：	变更后坏账准备计提比例：
●1 年以内（含 1 年）计提比例：5%	●1 年以内（含 1 年）计提比例：0%
●1~2 年（含 2 年）计提比例：10%	●1~2 年（含 2 年）计提比例：5%
●2~3 年（含 3 年）计提比例：30%	●2~3 年（含 3 年）计提比例：10%
●3~4 年（含 4 年）计提比例：50%	●3~4 年（含 4 年）计提比例：30%
●4~5 年（含 5 年）计提比例：80%	●4~5 年（含 5 年）计提比例：50%
●5 年以上计提比例：100%	●5 年以上计提比例：100%

本次会计估计变更导致 2002 年增加利润总额 1 458 万元，HT 公司 2002 年实现净利润 217 万元。

HT 公司对本次会计估计变更的理由解释为：本公司在 2001 年改变了赊销策略，更加强调了对销售回款的控制，要求销售公司在一年内尽快回款，……

年报审计机构 WL 会计师事务所有限公司的注册会计师认为该项变更缺乏充分理由，因此给出了保留意见的审计报告。

案例 3-14 是上市公司中少见的由于变更坏账计提比例而被出具保留意见的操控案例。HT 公司通过变更坏账计提比例，在 2002 年增加了 1 458 万元的利润，

最终实现了212万元的微弱利润。从案例3-14简单的内容可以发现，即便我们不去分析HT公司如何费尽心机去解释其变更坏账估计的合理性，其1年内坏账由5%的计提比例突然降到0%，也着实令人吃惊，操控方法过于"简单粗暴"。

（二）操控存货的减值

存货减值的操控分析，详见本章第二节内容。

（三）操控长期资产的减值

对于长期资产，尽管我国现行准则不允许减值之后的回转，然而，通过售后回购或售后租回，一些企业绕过了长期资产减值不能转回的规定，间接实现了长期资产的减值转回。

（四）利用资产组操控减值

资产组概念的产生为一些企业提供了贬值资产不减值的理由。通过将贬值资产打包列入某些资产组，企业可以避免贬值资产的减值损失计提，从而达到利润操控的目的。

（五）利用资产减值洗大澡

资产减值是企业在特殊环境下"洗大澡"的重要工具。在扭亏无望的背景下，企业通常会利用大幅计提资产减值准备来实现财务上的"洗大澡"，大幅降低本期利润，为下一期轻装上阵、扭转亏损奠定基础。

第四章

盈余管理的方法（二）——低频方法

第一节 资产交换操控

一、资产交换操控：规则分析

在非货币性资产交换业务中，现行准则允许换出资产按照公允价值计量，换出资产公允价值与账面价值之间的差额计入当期损益。

按照准则规定，非货币性资产交换同时满足下列条件的，应当以公允价值和应支付的相关税费作为换入资产的成本，公允价值与换出资产账面价值的差额计入当期损益：（1）该项交换具有商业实质；（2）换入资产或换出资产的公允价值能够可靠地计量。换入资产和换出资产公允价值均能够可靠计量的，应当以换出资产的公允价值作为确定换入资产成本的基础，但有确凿证据表明换入资产的公允价值更加可靠的除外。

满足下列条件之一的非货币性资产交换具有商业实质：（1）换入资产的未来现金流量在风险、时间和金额方面与换出资产显著不同。（2）换入资产与换出资产的预计未来现金流量现值不同，且其差额与换入资产和换出资产的公允价值相比是重大的。

在非货币性资产交换业务中，公允价值是否能够可靠计量、交换是否具有商业实质，在实务中具有很强的主观性，为盈余管理留下了空间。

二、资产交换操控：方法分析

非货币性资产交换业务中的操控可能，主要源于"公允价值"与"账面价值"之间的差异。

（一）间接的公允价值计量

现行准则下，除了交易性金融资产和投资性房地产外，其他资产基本上是不允许确认持有利得的，这实际上主要是基于会计原则中可靠性的考虑。为了提高会计信息的决策有用性，我国从 2006 年开始使用的会计准则体系中开始大量引入"公允价值"，特别是对于交易性金融资产和投资性房地产这两类公允价值相对非常可靠的资产，对其期末计量采用公允价值，并且公允价值变动进入当期损益，这种会计处理充分体现了会计信息质量中"相关性"和"可靠性"的权衡。

但是，绝大多数资产是不能确认持有利得的，也就是说，放在手里的资产无论如何增值，不能确认损益。资产通过对外交换，增值部分相当于得到了外部认可，这种实际上的资产公允价值升值才可以确认为损益，进入利润表。

案例 4-1：资产交换，实现利润

DS 公司在 2010 年年报中披露：

2010 年 10 月 18 日，公司的子公司 BD 宾馆、DQ 百货大楼及关联方 XBD 与 DQ 市 JYL 有限公司（"JYL 公司"）签署资产置换协议，BD 宾馆以其面积为 6 731 平方米主楼和面积为 1 734 平方米的招待所楼等固定资产，DQ 百货大楼以其面积为 359 平方米的仓库等固定资产，XBD 以其 246.88 平方米仓库共同换入 JYL 公司位于 QS 商城面积为 10 434 平方米的房产。

由于该项交换具有商业实质且换出资产的公允价值能够可靠地计量，以换出资产的公允价值作为确定换入资产成本的基础。

项目	金额（元）
公司换入资产公允价值	31 823 700.00
公司换出资产公允价值	29 182 899.90
XBD 换出资产公允价值	920 000.00
公司换出资产账面价值	3 026 534.16
公司非货币性资产交换确认的损益	26 156 365.74

通过交换，DS 公司确认了 2 615.6 万元的交换损益。

案例 4-1 体现了企业通过非货币性资产交换实现持有的房屋建筑物类固定资产升值的操作。DS 公司所换出的宾馆、大楼、仓库等资产，账面价值仅为 302 万元，但其公允价值却已高达 2 918 万元，通过与 JYL 公司的资产交换，DS 公司确认了 2 615 万元的非货币性资产交换损益。案例 4-1 可以为我们带来两个思

考：一方面，DS公司手中持有的房产相较其账面价值而言确实升值了很多，这是一种真实的升值，这种通过资产交换实现资产升值并进入当期损益的做法，和前面的其他利润操控有何区别？另一方面，从会计准则的规定来看，为什么房子一直在升值（大多情况下是这样的，特别是从长远的期间来看），我们却不仅不能够在资产负债表和利润表中记录这种升值，反而还要不停的计提折旧，导致资产账面价值持续下降，与市场价值（公允价值）背离越来越远？

（二）操控交换资产的公允价值

很多情况下，企业并不会像DS公司那样拥有合适的房产来用于交换以产生利润，这些企业可能会直接通过操控、虚增用于交换的资产的公允价值来换取利润。

案例4-2：亏损资产，交换升值

CC公司2010年12月11日发布公告，与CCJK国资控股集团有限公司进行资产置换，置换资产交易评估基准日为2010年9月30日。

非货币性资产置换账面价值、转让金额具体如下：

资产名称	2010年9月30日对应的账面资产净值（万元）	评估值（万元）	转让价格（万元）
拟置入资产：			
LH地产100%股权	96 147.30	99 425.77	99 425.77
拟置出资产：	75 618.97	98 934.56	99 058.57
会展整体资产	60 952.86	77 693.23	77 693.23
会展公司95%股权	-396.31	-324.01	0
JK热力99.99%股权	14 076.19	20 343.73	20 143.73
XL热力100%股权	986.23	1 221.61	1 221.61

公司非货币性资产交换对公司财务状况和经营成果影响说明如下：资产置换交易完成后，公司不再经营热力和会展两项亏损业务，置入了JL省LH房地产开发有限公司，有利于提高公司资产质量，优化公司主营业务资产结构，提升公司的竞争能力和持续盈利能力。

2010年，CC公司在营业利润为-9 825万元的情况下，实现净利润2 453万元。（CC公司2010年前后几年的每股收益为：2007年，0.0068元；2008年，0.0059元；2009年，0.008元；2010年，0.282元；2011年，0.0062元）

案例 4-2 中的 CC 公司在 2010 年底所进行的资产交换则是另外一种典型的通过资产交换产生利润的行为，即通过操控、虚增换出资产的公允价值来确认资产交换损益。CC 公司通过非货币性资产交换增加了 2 个多亿的利润，最终在营业利润为亏损 9 825 万元的情况下，实现净利润 2 453 万元。同时我们还可以看到，CC 公司除了 2010 年外，每年的每股收益都在 1 分钱之下，"微利"状态特别明显，表明 CC 公司实际上一直没有走出亏损的境地。更为明显的是，为其带来 2 个多亿交换损益的换出资产，居然是"热力和会展两项亏损业务"。换出资产 98 934.56 万元的评估价值，究竟是怎么估出来的？

第二节 债务重组操控

一、债务重组操控：规则分析

从债务重组操控的角度来看，相关的会计准则或会计原则的内容主要涉及现金清偿债务、非现金资产清偿债务、债转股、修改其他债务条件几种情况下的会计处理规定。

（一）现金清偿债务

以现金清偿债务的，债务人应当将重组债务的账面价值与实际支付现金之间的差额，计入当期损益。如果债权人豁免债务，就会产生债务重组收益。

（二）非现金资产清偿债务

以非现金资产清偿债务的，债务人应当将重组债务的账面价值与转让的非现金资产公允价值之间的差额，计入当期损益。转让的非现金资产公允价值与其账面价值之间的差额，计入当期损益。因此，以非现金资产清偿债务时，债务人可能会由于"债务豁免"和"公允价值升值"获得两种利润。

（三）债转股

将债务转为资本的，债务人应当将债权人放弃债权而享有股份的面值总额确认为股本（或者实收资本），股份的公允价值总额与股本（或者实收资本）之间的差额确认为资本公积。重组债务的账面价值与股份的公允价值总额之间的差额，计入当期损益。

（四）修改其他债务条件

修改其他债务条件的，债务人应当将修改其他债务条件后债务的公允价值作为重组后债务的入账价值。重组债务的账面价值与重组后债务的入账价值之间的差额，计入当期损益。

二、债务重组操控：方法分析

利用债务重组操控利润的方法主要有利用偿债资产"升值"、债权人让步豁免债务、债权人转回原减值等。

（一）利用偿债资产"升值"

这种偿债资产的升值有三层含义：一是真的升值；二是操控升值；三是强迫升值。"真的升值"是指，作为偿债资产的存货、固定资产、无形资产、投资性房地产、股权投资等资产的公允价值确实高于账面价值。"操控升值"是指，通过评估机构来操控偿债资产的公允价值。"强迫升值"是指，利用债权人减少损失的心理，将公司的陈次资产（尤其是滞销的存货）以高于市价的价格用于抵债，这也是债权人的一种被迫让步。

（二）债权人"让步"

减少损失、客户关系、关联关系、国企与政府关系等原因都会导致债权人在债务重组中作出大的让步，从而使债务人获得重组收益。

案例 4-3：还本，免息，盈利

2007 年，TJ 公司由于连续亏损，已经面临被暂停上市的危险（2005 年每股收益 -0.5331 元，2006 年每股收益 -0.7126 元）。

TJ 公司 2007 年从大股东处借入 6 亿元用于偿还银行借款，通过债务重组被豁免巨额银行借款利息。

在几家提供利息豁免的银行中，JS 银行豁免 63 525 548.97 元，GD 银行豁免 29 000 000 元，GS 银行豁免 165 301 674.38 元，JT 银行豁免 19 564 483.52 元，NY 银行豁免 228 299 627.42 元。

最终，TJ 公司 2007 年在营业利润为亏损 4.13 亿元的情况下，通过债务重组收益 4.64 亿元，实现净利润 1 180 万元，每股收益 0.0219 元。

案例4-3中，TJ公司向其大股东借款以偿还银行债务本金，与借款银行通过"还本—免息—盈利"的操作，实现4.64亿元的债务重组收益，最终以1 180万元净利润和0.0219元每股收益的微利，避免了暂停上市的尴尬。银行为了降低损失而做出的让步、大股东的利益输送、甚至还可能有政府关系的参与等，都可能为TJ公司在濒临退市的境地中实现微利起到了重要的作用。

（三）债权人转回减值

除了上述操控方法之外，还有一种情况需要考虑：即使债权人做出让步，债权人在债务人偿债时也可能产生大量利润，原因就是坏账准备的转回作用。例如，假设债权人企业有一笔100万元的应收账款，已经全额计提了坏账准备，通过与债务人协商，债权人让步、允许债务人以70万元偿还此笔债务，因此，在偿债期间，不仅债务人由于债权人的让步而实现30万元的债务重组收益，而且债权人也会实现70万元的资产减值损失冲回收益（在以前期间计提坏账准备、计入资产减值损失）。

第三节 借款费用操控

一、借款费用操控：规则分析

基于配比原则，现行会计准则允许借款费用资本化。

企业发生的借款费用，可直接归属于符合资本化条件的资产的购建或者生产的，应当予以资本化，计入相关资产成本；其他借款费用，应当在发生时根据其发生额确认为费用，计入当期损益。

借款费用同时满足下列条件的，才能开始资本化：（1）资产支出已经发生，资产支出包括为购建或者生产符合资本化条件的资产而以支付现金、转移非现金资产或者承担带息债务形式发生的支出。（2）借款费用已经发生。（3）为使资产达到预定可使用或者可销售状态所必要的购建或者生产活动已经开始。

为购建或者生产符合资本化条件的资产而占用了一般借款的，企业应当根据累计资产支出超过专门借款部分的资产支出加权平均数乘以所占用一般借款的资本化率，计算确定一般借款应予资本化的利息金额。

达到预定可使用或者可销售状态是终止借款费用资本化的时点。购建或者生产符合资本化条件的资产达到预定可使用或者可销售状态，可从下列几个方面进行判断：（1）符合资本化条件的资产的实体建造（包括安装）或者生产工作已经全部完成或者实质上已经完成。(2) 所购建或者生产的符合资本化条件的资产与设计要求、合同规定或者生产要求相符或者基本相符，即使有极个别与设计、合同或者生产要求不相符的地方，也不影响其正常使用或者销售。(3) 继续发生在所购建或生产的符合资本化条件的资产上的支出金额很少或者几乎不再发生。

资本化的处理、资本化起点和终点的职业判断要求，为企业利用借款费用资本化留下了空间。

二、借款费用操控：方法分析

(一) 操控借款费用资本化的有无和金额

企业发生的借款费用中，可直接归属于符合资本化条件的资产的购建或者生产的，应当资本化并计入相关资产成本，否则应当计入当期损益。直接归属意味着借款直接用到了工程或存货的建造中，因此，实务中一些企业通过将借款转移到工程账户、或者使用借款购买工程材料或支付工程人员薪酬等方式，以迎合这一准则条款。

(二) 操控借款费用资本化的起点

并非取得借款之后的利息支出都可以计入资产之中，现行会计准则要求在同时满足资产支出已经发生、借款费用已经发生、购建或者生产活动已经开始三个条件时，才可以资本化借款利息。因此，实务中，编造项目发生支出、伪造项目开工建设形式等都成为了企业操控借款费用开始资本化的手段。

(三) 操控借款费用资本化的终点

当购建或生产的资产已经建好、符合合同设计要求、不再发生支出时，说明在建工程已经"长大成人"，实质上成为可以使用、能够创造价值的资产，所以，借款费用就应该停止资本化了。但是，企业可能通过操控在建工程或存货的完工、是否符合设计要求、虚构进一步支出等，来"证明"在建工程或存货没有达到预定可使用或者可销售状态，从而可以继续将发生的利息支出计入到资产（而不是费用）之中。

案例4-4是一个关于利用借款费用操控利润的经典案例。YT公司将8 807万元的借款费用资本化的处理招致了审计师的质疑，二者的争议在于：YT公司所谓的"钛白粉工程的整改和试生产"是否可以证明其仍然属于在建工程。事实情况表明YT公司的钛白粉工程项目已经在两年前就开始试生产，并且1997年的产量与设计能力相差很远的原因不是由于建设的问题，而是由于资金投入的问题,说明该项目已经"达到预定可使用状态"。

类似 YT 公司这样通过推迟在建工程转入固定资产(也称"转固"),从而达到一方面继续资本化相关支出、另一方面不计提折旧费用的"一箭双雕"的利润操控目的,现实中并不少见。

案例 4-4:推迟转固,虚减费用

注册会计师在 YT 公司审计报告中指出:1997 年应计入财务费用的借款及应付债券利息 8 064 万元,贵公司将其资本化为钛白粉工程成本;欠付 Z 银行重庆分行的借款利息 89.8 万美元(折合人民币 743 万元),贵公司未计提入账,两项共影响利润 8 807 万元。

YT 公司认为:钛白粉工程不同于一般基建工程,该工程在正式交付使用前,还有一个整改和试生产期间,因此属于在建工程。

注册会计师认为:该工程于 1995 年下半年开始试生产,1996 年已经生产出合格产品,1997 年全年共生产 1 680 吨,这虽与 1.5 万吨的设计能力相差很远,但产量不足是因为该公司流动资金不足,而不是工程质量问题,因此,由该项目应该承担的 8 064 万元利息,不能计入钛白粉工程成本,而应该计入当期财务费用。

第四节 政府补助操控

一、政府补助操控:规则分析

现行准则将企业收到的政府补助分为与资产相关的政府补助和与收益相关的政府补助。

与资产相关的政府补助,是指企业取得的、用于购建或以其他方式形成长期资产的政府补助。与资产相关的政府补助,应当冲减相关资产的账面价值或确认为递延收益。与资产相关的政府补助确认为递延收益的,应当在相关资产使用寿命内按照合理、系统的方法分期计入损益。

与收益相关的政府补助,是指除与资产相关的政府补助之外的政府补助。与收益相关的政府补助,应当分情况按照以下规定进行会计处理:(1)用于补偿企业以后期间的相关成本费用或损失的,确认为递延收益,并在确认相关成本费用或损失的期间,计入当期损益或冲减相关成本;(2)用于补偿企业已发生的相关成本费用或损失的,直接计入当期损益或冲减相关成本。

二、政府补助操控:方法分析

有些公司通过迎合地方政府的财政补贴政策来获取政府补助,而另一些公司则通过与政府之间的关系来获取政府补助。

(一)利用政策

炼油补贴、节能环保补贴、科技创新补贴、高新技术补贴、生猪屠宰补贴、无公害化处理补贴、新能源汽车推广补贴……,上市公司从各级政府拿到的财政补贴种类五花八门、数不胜数,一些上市公司甚至会刻意创造项目以获取财政补贴、甚至通过造假骗取补贴。

案例4-5中,DH公司原来的主要产品是小家电。从2009年开始,DH公司进军LED行业,之后进入了获取财政补贴的辉煌时代:2010年获取26 956万元财政补贴,2011年获取31 026万元财政补贴。实际上,剔除获取的财政补贴之后,DH公司已经没有太多利润,甚至是亏损的。

"黑猫白猫,抓住老鼠就是好猫"。能够赚钱的公司,相比亏钱的公司毕竟要好。但是,依靠财政补贴获得的利润,能够持久吗?

案例4-5:丰厚利润,源自补贴

DH公司在深交所上市,主要产品涵盖小家电、LED系列产品。

2009年,DH公司进入LED行业,开始战略转型,并先后在珠海、台山、深圳、芜湖、扬州等地建立了LED生产基地。

DH公司2008-2011年的相关财务数据如下(单位:万元):

内容	2008	2009	2010	2011
营业收入	252 253	192 183	259 529	306 548
营业利润	-6 951	7 390	533	14 574
利润总额	-6 851	9 273	26 592	45 189
净利润	-7 225	7 122	19 093	38 491
每股收益	-0.19元	0.15元	0.56元	0.81元
财政补贴	329	810	26 956	31 026

（二）利用关系

研究表明，企业与政府之间的关系（也称政治关系）能为企业带来资源获取的优势，例如，更多的借款、更低的利率、更多的税收优惠、更多的财政补贴等等。在企业缺乏政府补助所支持的项目时，关系往往对企业获取补助具有微妙而重要的影响作用。

案例4-6中，DH公司是一家濒临退市的上市公司，它在2007年扭转亏损的盈余管理方法可谓简单至极，直接通过大股东LY市财政局给予的9 000万元财政补贴实现了亏损扭转。而且，公司公告显示的补贴理由就是"保证公司2007年度扭亏为盈，解除退市风险"。

案例4-6：解除退市风险的财政补贴

2007年10月31日，DH公司发布业绩预警公告，预计2007年度将发生亏损，但随后的财政补贴扭转了状况：

日期	信息来源	事项
2007-10-31	业绩预警公告	2007年公司主营业务虽有提高，但至年底预计仍将亏损。
2007-10-31	第三季度报告	1—9月净利润为-4 190万元。
2007-11-12	重大事项提示公告	大股东LY市财政局决定在2007年底前给予公司不少于6 000万元的财政补贴，以保证公司2007年度扭亏为盈，解除退市风险。
2007-12-27	临时公告	公司于2007年12月24日及26日收到LY市政府给予公司的财政补贴6 000万元和3 000万元，以保证公司持续运营，有效化解可能出现的退市风险。
2008-2-23	2007年度报告	净利润1 396万元，每股收益0.09元。
2012-3-16	工商变更登记	JS公司

第五节 或有事项操控

一、或有事项操控：规则分析

或有事项是指过去的交易或者事项形成的，其结果须由某些未来事项的发生或不发生才能决定的不确定事项。典型的或有事项包括未决诉讼、债务担保、产品质量保证、亏损合同、重组义务等。

基于稳健性原则和配比原则，现行准则要求与或有事项相关的义务同时满足下列条件的，应当确认为预计负债：(1) 该义务是企业承担的现时义务；(2) 履行该义务很可能导致经济利益流出企业；(3) 该义务的金额能够可靠地计量。另外，在确认负债的同时，也确认相应的损益，如销售费用、管理费用、营业外支出等。

会计准则指南对于履行或有事项相关义务导致经济利益流出的可能性进行了解释，通常按照一定的概率区间加以判断。一般情况下，发生的概率分为以下几个层次：基本确定、很可能、可能、极小可能。其中，"基本确定"是指发生的可能性大于95%但小于100%；"很可能"是指发生的可能性大于50%但小于或等于95%；"可能"是指发生的可能性大于5%但小于或等于50%；"极小可能"是指发生的可能性大于0但小于或等于5%。

预计负债应当按照履行相关现时义务所需支出的最佳估计数进行初始计量。所需支出存在一个连续范围，且该范围内各种结果发生的可能性相同的，最佳估计数应当按照该范围内的中间值确定。在其他情况下，最佳估计数应当分别下列情况处理：(1) 或有事项涉及单个项目的，按照最可能发生金额确定。(2) 或有事项涉及多个项目的，按照各种可能结果及相关概率计算确定。

二、或有事项操控：方法分析

（一）操控或有事项的有无

在或有事项的确认中，基本确定、很可能、可能、极小可能的现实判定难度大、主观性强，所以，在遇到诉讼、重组、产品保修等或有事项时，很多企业倾向于不确认或有负债和相应的损失或费用，甚至不做披露，以减少对利润的冲击或对企业的负面影响。

(二) 操控或有事项的金额

对或有事项金额的操控直接影响了计入利润表的损失或费用。实务中，或有事项最佳估计数确定中的"最可能发生金额""各种可能结果及相关概率"的判断主观性、随意性很强。而且，或有负债的估计也是一种"应计"项目，先确认的负债及相应的损失或费用只是一个"最佳估计数"，待到实际发生时还会涉及到原估计数和实际发生数之间的差异调整问题，所以，或有负债尽管对于大多数企业而言发生很少，但也是一个利润操控工具。

案例 4-7 中，HN 公司利用或有负债的计提，实现了公司利润的"先抑后扬"，公司在其破产重整实施中，先计提了巨额的预计负债（同时也计提了巨额的重组费用），进行了一次财务"洗澡"，在 2007 年度破产重组实施完毕后，转回原已计提的预计负债 46 392 万元，使得 HN 公司在 2007 年度扭亏为盈。

案例 4-7：或有负债，先抑后扬

2007 年，HN 公司实现主营业务收入 13 224 万元，净利润 39 124 万元，经营活动产生的现金流量净额为 3 693 万元。

公司将净利润与经营活动现金流存在重大差异的原因解释为：利润构成主要为因实施破产重整转回巨额预计负债及减免部分直接债务形成的收益。

经上述破产重整等事项的处理，HN 公司 2007 年度转回原已计提的预计负债 46 392 万元，对 HN 公司 2007 年度经营业绩产生了重大影响，成为 HN 公司扭亏的主要手段。

案例 4-8 则为我们提供了一个更为复杂的可能利用或有负债操控利润的例子。如案例 4-8 所示，A 公司现有的产品质量问题包括较小的质量问题和较大的质量问题两种，相应的维修费用是 1% 和 2% 两个比例，同时，发生较小质量问题和较大质量问题的概率分别是 15% 和 5%。在现有结构下，A 公司计算估计出的或有负债金额（同时也计入相应的费用中）是 900 000 元。当然，A 公司还可以将质量问题细分到更多的种类，如一类问题、二类问题、三类问题……，每类问题对应一个发生的概率和一个相应的维修费用比例，那么在这种新的情况下，预估的维修费用又会是多少？因此，利用或有事项来调整利润，具有很多的可选择性。

> **案例4-8：就是这个数吗？**
>
> A公司生产并销售A产品，2016年A产品销售收入为360 000 000元。
>
> 根据公司的产品质量保证条款，该产品售出后一年内，如发生正常质量问题，公司将负责免费维修。
>
> 根据以前年度的维修记录，如果发生较小的质量问题，发生的维修费用为销售收入的1%；如果发生较大的质量问题，发生的维修费用为销售收入的2%。
>
> 根据公司技术部门的预测，本季度销售的产品中，80%不会发生质量问题；15%可能发生较小质量问题；5%可能发生较大质量问题。
>
> 据此，2016年末，甲公司应在资产负债表中确认的负债金额为：360 000 000×（0×80%＋1%×15%＋2%×5%）＝900 000（元）
>
> 预计负债会是其他金额吗？

第六节　其他项目操控

上述两章的分析中，主要从会计准则和常见业务角度考虑，实务中还有一些操控方法，如常见的混淆资本性支出与收益性支出、接受捐赠、回购股票操控每股收益、利用费用错分类美化利润结构等。

一、通过资本性支出与收益性支出的划分操控利润

资本化与费用化的混淆是非常常见的利润操控方法，本书前面在存货生产成本的操控、借款费用资本化等方面的操控都属于这类方法。凡支出的效益仅及于本会计期间的，应当作为收益性支出（进入费用）；凡支出的效益及于几个会计期间的，应当作为资本性支出（作为资产）。只有正确划分收益性支出与资本性支出的界限，才能真实反映企业的财务状况，正确计算企业当期的经营成果。然而，现实中关于一项支出的具体受益期间的判断主观性和可变性很强，使得通过混淆资本性支出与收益性支出来操控利润非常常见。

> **案例 4-9：这才是真实的我**
>
> 2012 年 4 月 17 日，AK 进行会计估计变更。
>
> 1. 变更内容：模具摊销年限由一年变更为三年
> 2. 变更原因：公司的模具原采用一年期摊销处理，但模具的实际使用寿命约在三年以上。因公司原对模具基本采用手工台账管理，摊销时间过长，会使管理过于复杂化。
>
> 随着公司产品结构调整的进行，新产品的模具投入增加较快，尤其是公司高端冰箱、洗衣机等产品的研发生产，模具的价值有了很大的提高，如果还采用较粗放的管理方式，不利于公司的经营管理。为此，公司在 ERP 系统中作了系统开发，实现了模具管理的系统化。为更真实、准确地反映公司的成本费用，公司拟按模具的实际使用时间三年期摊销模具费用。
>
> 3. 变更对公司的影响：2012 年度合并净利润增加约 2 300 万元左右。

案例 4-9 显示了 AK 公司通过改变其模具摊销方法来调整利润的行为。AK 在 2012 年将其模具摊销年限由一年变更为三年，变更之后使得公司的合并净利润增加约 2 300 万元左右。在变更会计估计之前，AK 公司采用一年期摊销处理，原因是公司原采用手工台账处理，而且原模具价值较低，一年期的摊销方法比较简单适用。变更摊销的原因则是新模具、高价值、ERP 系统使用、按照实际使用年限摊销，这些原因用来支撑模具摊销年限的变更，看起来理由非常充分，因为现在的摊销已经"返璞归真"了，这就是所谓的"如实表述"，会计处理方法恰好的反应了经济现实。然而，我们不得不思考：以前的利润有没有"如实表述"？

二、通过接受捐赠操控利润

通过接受捐赠来实现利润，看起来不可想象，但现实中还真有"天上掉馅饼"的好事，公司通过接受他方的资产捐赠实现利润。

案例 4-10 列示了中国上市公司中极为罕见的通过捐赠来帮助上市公司盈利的情况。BL 公司在营业利润亏损 1 427 万元的情况下，除了获得几家银行和关联方的债务豁免外，公司的实际控制人 Y 先生居然还向上市公司白送了 4 600 万元，目的就是要帮助上市公司实现盈利，防止被退市。

> **案例 4 - 10：天上会掉馅饼吗？**
>
> BL 公司 2007 年营业利润为 -1 427 万元，但营业外收入有 10 403 万元，最终实现净利润 8 812 万元。
>
> 2008 年 6 月 3 日，按上海证券交易所要求，BL 公司发布《关于 2007 年利润主要来源情况说明》，称公司 2007 年来源于关联方捐赠利得和债务重组收益共计 9 210 万元。
>
> 事实是：债权人 YS 公司豁免债务 2 238 万元，HX 银行、XY 银行、ZS 银行豁免利息 1 891 万元，BL 公司关联方豁免债务 481 万元。而且，BL 公司的实际控制人 Y 向公司捐赠 4 600 万元。

三、通过股票回购操控每股收益

每股收益是投资者、分析师等多种利益相关者关注的财务业绩指标，公司有可能在不改变净利润的情况下，实现每股收益的提高。在既定的净利润情况下，上市公司通过回购发行在外的股票，导致发行在外普通股减少，用于计算每股收益的股数降低，但净利润不变，因而每股收益就会提高。

四、通过费用错分类操控利润结构

毫无疑问，投资者、债权人喜欢持续的、高质量的核心收益，而不是偶发的、低质量的非经常性损益。一些企业会通过将销售费用、管理费用等常规的期间费用故意错误记入到营业外支出项目中，虽然整体的损益、税收等都不会发生变化，但是，原来用于抵消营业利润、核心收益的费用被移入到非经常性损益中，导致营业利润增加，起到了美化利润结构的目的。

第五章

盈余管理的识别

实务中,识别盈余管理(或财务舞弊、利润操控等)的方法很多,如基础项目分析法、模型识别法、标红旗法(疑点分析法)以及严谨的审计方法等。本书目的主要在于探讨如何通过公开信息发现财务报表操控的线索,因此,本章在简单介绍几个基本方法的基础上,重点探讨"疑点分析"这一常用方法。

第一节 盈余管理识别方法

一、基础项目分析法

Lev 和 Thiagarajan(1993)挑选了 12 个财务变量作为基础项目(fundamentals)进行盈余质量[①]的分析,Lev 和 Thiagarajan(1993)挑选的 12 个财务变量分别为:

(1) 存货。以"存货增加数 – 销售增加数"来计量。

(2) 应收账款。以"应收账款增加数 – 销售增加数"来计量。

(3) 资本性支出。以"行业资本性支出增加数 – 公司资本性支出增加数"来计量。

(4) 研发费用。以"行业研发费用增加数 – 公司研发费用增加数"来计量。

(5) 毛利。以"销售增加数 – 毛利增加数"来计量。

(6) 销售及管理费用。以"销售及管理费用增加数 – 销售增加数"来计量。

---

① 如本书第二章所述,"盈余管理"和"盈余质量"并不完全相同,但高度相关,前者是影响后者的重要因素,实证研究中也常被混用。基于此方法在识别盈余管理中的较强参考作用,故对其作以简单介绍。

(7) 坏账准备。以"应收账款增加数 – 坏账增加数"来计量。

(8) 实际税率。以"税前盈余 ×（上期实际税率 – 本期实际税率）"来计量。

(9) 未结订单。以"销售增加数 – 未结订单数"来计量。

(10) 劳动力。以"销售与雇员数量比例的变化率"来计量。

(11) 后进先出法盈余。后进先出法赋值 0，先进先出法赋值 1。

(12) 审计意见。无保留意见赋值 0，保留意见赋值 1。

通过对这 12 个基础项目的变化分析，对公司的盈余质量进行综合评定。例如，存货增长幅度超过销售收入增长幅度则表示盈余质量低；如果公司盈余增长，并且积压的订单也增加，则预示公司的盈余增长还会持续下去，表明公司的盈余质量高。对每一个基础项目，分别赋值 1 或 0（1 代表盈余质量低，0 代表盈余质量高），把所有基础项目的分值进行相加，按其综合来计算公司的盈余质量。例如，如果存货增长幅度超过销售收入增长幅度，则表示盈余质量低，对其赋值 1；如果存货增长幅度低于销售收入增长幅度，则表示盈余质量高，对其赋值 0。

实务中，可以结合分析背景、变量可获得性等情况，采用更多的调整变量来应用这一方法。

二、模型识别法

通过将研究或实践中发现的盈余管理影响因素设计为分析变量，构建模型来分析盈余管理，这种方法最大的优点在于其客观性，因此实务中和研究中的模型分析法也较为常见。本书主要介绍常用的 Jones 模型和 Roychowdhury 模型。

（一）识别应计盈余管理的 Jones 模型

通过应计利润的异常来识别盈余管理，典型的是 Jones (1991) 模型[①]：

$$TA_t/A_{t-1} = \alpha_1(1/A_{t-1}) + \alpha_2(\Delta REV_t/A_{t-1}) + \alpha_3(PPE_t/A_{t-1}) + \varepsilon_t \quad （式 5-1）$$

$$NDA_t = \alpha_1(1/A_{t-1}) + \alpha_2(\Delta REV_t/A_{t-1}) + \alpha_3(PPE_t/A_{t-1}) \quad （式 5-2）$$

$$DA_t = TA_t/A_{t-1} - NDA_t \quad （式 5-3）$$

模型中变量的解释如下：

TA_t 是指总应计利润，一般用目标期间营业利润与经营活动现金流量的差额来衡量。

ΔREV_t 和 PPE_t 分别是指目标期间与上一期间营业收入的差额、目标期间期

---

① 需要说明的是，在实务中，Jones 模型有很多种修正的使用方式，本书不再一一列举。

末固定资产的原值，它们用来控制公司经营状况对非操控性应计的影响[①]。

NDA_t 是指目标期间的非操控性应计利润，也就是无论公司是否有操控目的，都要发生的应计利润，例如，每个公司都会有赊销等应计收入和折旧费用等应计费用的发生，使用公式 5-2 可以估计出公司"应当"具有的应计利润水平，也就是没有被"操控"的应计利润。

DA_t 是指目标期间的操控性应计利润，用公司"实际"的应计利润（TA）减去"应当"具有的应计利润（NDA）来衡量，假定"实际"和"应当"之间的差额就是被操控的利润。

A_{t-1} 是指目标期间上期末总资产，被用来作为一种标准化的依据，以实现不同规模企业之间的可比性。

如果企业的 DA 为正值，其数值越大说明企业利用应计项目进行调增利润的可能性越大；倘若 DA 为负值，其数值越小说明企业利用应计项目进行调减利润的可能性越大。

（二）识别真实盈余管理的 Roychowdhury 模型

Roychowdhury（2006）创建了一个通过异常现金流、异常生产成本和异常费用来识别真实盈余管理的模型：

$$CFO_t/A_{t-1} = \alpha_0 + \alpha_1(1/A_{t-1}) + \alpha_2(S_t/A_{t-1}) + \alpha_3(\Delta S_t/A_{t-1}) + \varepsilon_t \quad （式 5-4）$$

$$PROD_t/A_{t-1} = \alpha_0 + \alpha_1(1/A_{t-1}) + \alpha_2(S_t/A_{t-1})$$
$$+ \alpha_3(\Delta S_t/A_{t-1}) + \alpha_4(\Delta S_{t-1}/A_{t-1}) + \varepsilon_t \quad （式 5-5）$$

$$DISEXP_t/A_{t-1} = \alpha_0 + \alpha_1(1/A_{t-1}) + \alpha_2(S_{t-1}/A_{t-1}) + \varepsilon_t \quad （式 5-6）$$

模型中变量的解释如下：

CFO_t、$PROD_t$、$DISEXP_t$ 分别代表目标期间的经营现金净流量、产品生产成本、销售与管理费用，S_t 代表目标期间销售额，ΔS_t 代表目标期间销售额变动（$\Delta S_t = S_t - S_{t-1}$），$\Delta S_{t-1}$ 代表目标期间上一期间销售额变动，A_{t-1} 代表目标期间上一期间期末总资产。

与 Jones 模型中应计盈余管理中 DA 的计算原理相似，Roychowdhury 模型中对于真实盈余管理的估计也是通过"实际"和"应当"之间的差额来确定盈余管理的程度，即：先用模型估计出经营活动现金流（CFO）、产品生产成本

[①] Jones 模型的思路是，公司的非操控性应计利润受经营状况影响，而收入和固定资产是两个代表经营状况的典型变量。另外，总应计包括了各种营运资本账户（如应收账款、存货、应付账款等）的变化，这些账户的变化与收入的变化有较大程度的关联性，所以在模型中控制了收入变化这一变量。固定资产总额用来控制非操控性折旧费用的影响。采用固定资产总额而不是变化额的原因是，折旧费用已经包含在总应计利润的计算中。

(PROD)、销售与管理费用（DISEXP）的"应当"值，然后用上述三项的"实际"值分别减去其"应当"值，计算出"实际"值和"应当"值之间的异常值（abnormal），作为真实盈余管理中销售操控、生产操控、费用操控的数值。当公司采用真实盈余管理手段调高利润时，将呈现更高的生产成本（PROD），更低的经营现金净流量（CFO）和更低的销售与管理费用（DISEXP）。

考虑到公司可能同时采用上述多种方式进行真实盈余管理，一般把异常经营活动现金流、异常生产成本和异常费用合并构建一个总体指标来反映公司整体的真实盈余管理水平（REM）：

REM = APROD – ADISEXP – ACFO　　　　　　　　　　　　　　　　（式 5 – 7）

公式 5 – 7 中，REM 代表整体的盈余管理水平，REM 为正值时，其数值越大说明公司利用真实盈余管理手段进行调增利润的可能性越大；倘若 REM 为负值，其数值越小说明公司利用真实盈余管理手段进行调减利润的可能性越大。APROD、ADISEXP、ACFO 分别代表异常生产成本、异常费用、异常现金流。

三、疑点分析法及 100 个疑点

"疑点分析"或"红旗"（red flag）分析在实务中应用广泛。企业在操控财务报表时，总会留下"蛛丝马迹"，我们可以捕捉、利用这些财务疑点，沿此进行进一步的分析、检查、核实，最终较为快速有效地探测出财务报表的操控行为。

盈余管理的操控对象是利润，因此主要的、重要的疑点存在于利润表中。但是，由于会计信息处理的设计，利润的变化又是与资产、负债、所有者权益的变化紧密相连的：利润的构成包括收入、费用、利得、损失，在会计信息的处理中，收入、费用、利得、损失的形成或变化一定会对应于相应的资产、负债、所有者权益变化。例如，收入的实现要么表现为资产的增加（如银行存款或应收账款增加），要么表现为负债的减少（如预收账款减少）；费用的发生要么表现为资产的减少（如银行存款或存货减少），要么表现为负债的增加（如应付职工薪酬、其他应付款、应交税费等增加）。或者简单而言，企业赚了利润，净资产就要增加，要么是银行存款增加（或者应收账款增加），要么是赚来的银行存款被用于购买存货或设备等资产，体现为其他资产的增加，或者被用来还债，体现为负债减少。总之，利润的变化一定不会脱离资产负债表。因此，资产负债表中的一些重要项目存在的疑点，往往也是识别盈余管理的重要突破点。

应计制中基于应收、应付的"权利"和"责任"所确认的收入和费用，会形成利润和现金流的差异，这也使现金流量表成为衡量利润质量和通过与利润对比来发现财务报表操控的重要工具。

除财务报表外，表外的一些经验角度的疑点，对于识别盈余管理同样重要。

因此，笔者从利润表、资产负债表、现金流量表以及表外四个角度，归纳出常见的 100 个疑点（如表 5-1 所示）①，并在后续内容中进一步进行分析。

表 5-1　　　　　　　　　　盈余管理识别 100 点

序号	疑点	序号	疑点
	利润表疑点	26	销售费用占收入比与同行相比异常
1	微利	27	管理费用占收入比突降/突升
2	利润微增	28	管理费用占收入比与同行相比异常
3	利润微超临界值	29	管理费用中出现大额律师费
4	巨亏	30	财务费用占借款比突降/突升
5	亏盈交替	31	财务费用占借款比与同行相比异常
6	账税差异大	32	财务费用占收入比突降/突升
7	利润总额与营业利润异号	33	财务费用占收入比与同行相比异常
8	营业外收入过高		资产负债表疑点
9	营业外支出过高	34	应收账款增长超过收入增长
10	营业利润微利	35	变更坏账准备计提方法
11	营业利润微增	36	坏账准备计提方法与同行相比异常
12	营业利润微超临界值	37	分期收款销售产生应收账款
13	投资收益突升/突降	38	预付账款余额过高
14	公允价值变动收益过高/突增	39	预付账款本期增加额过大
15	资产减值损失突降/突升	40	其他应收款余额过高
16	资产减值损失与同行相比异常	41	其他应收款本期增加额过大
17	营业收入微增	42	存货增长超过销售成本增长
18	营业收入突增/突降	43	存货减值金额异常
19	第四季度营业收入突增/突降	44	存货减值占总资产比突降/突升
20	营业收入冲回	45	存货减值占总资产比与同行相比异常
21	毛利率突增/突降	46	长期应收款突升/突降
22	毛利率与同行相比过高/过低	47	长期股权投资处置价格异常
23	税金占收入比突降	48	长期股权投资比例的临界值变化
24	税金占收入比与同行相比异常	49	子公司构成发生重要变化
25	销售费用占收入比突降/突升	50	先转后售投资性房地产

① 虽然这些疑点能够代表大多数利润操控所显现的"漏洞"，但现实中的疑点绝不止这些，本书归纳了 100 个疑点，主要目的是增强可读性和读者的记忆。

续表

序号	疑点	序号	疑点
51	将其他资产转化为投资性房地产	76	经营活动现金流量为负/经常为负
52	变更投资性房地产的计量模式	77	经营活动现金流量远小于营业利润
53	固定资产处置收益金额大	78	经营活动现金流量远小于同行
54	折旧方法变更	79	经营活动现金流量微正
55	折旧方法与同行相比异常	80	销售商品收到的现金突降/突增
56	固定资产持有待售长期不售	81	销售商品收到的现金远小于收入
57	在建工程拖延完工	82	其他经营活动现金偏高或异常增加
58	在建工程中费用资本化异常	83	处置固定资产等收回的现金净额过高
59	工程物资余额长期不变	84	购建长期资产现金流出异常
60	固定资产清理金额增加过大	85	借款收到的现金远小于偿还借款的现金
61	固定资产清理长期挂账		表外疑点
62	无形资产处置收益过大	86	公司或核心高管声誉差
63	无形资产摊销方法变更	87	公司有其他非财务造假或违规行为
64	无形资产摊销方法异于同行	88	公司在行业中"一枝独秀"
65	开发支出金额突然增加	89	赊销政策过于宽松激进
66	开发支出久未转入无形资产	90	更换会计师事务所或使用本地小所
67	长期待摊费用余额过高	91	公司印章管理混乱
68	长期待摊费用突然增加	92	会计账簿和会计凭证崭新
69	长期待摊费用转换异常	93	公司高管或关键财务人员更换频繁
70	预收账款余额过高	94	关联公司之间存在的盈余管理传染
71	预收账款占比收入突升/突降	95	财务人员素质过低
72	其他应付款余额过高	96	财务人员与公司高管之间存在亲密关系
73	其他应付款突升/突降	97	财务人员解释含混不清/行为失常
74	预计负债突降/突升	98	设置障碍影响信息的获取
75	预计负债计提异于同行	99	报表账簿等材料的提供缓慢拖延
	现金流量表疑点	100	财务人员神态异常

第二节 利润表疑点分析

一、利润表结构与分析思路

利润表的结构与内容如表 5-2 所示。

表 5-2　　　　　　　　　　　　　利润表

项　　目	本期金额	上期金额
一、营业收入		
减：营业成本		
税金及附加		
销售费用		
管理费用		
财务费用		
资产减值损失		
加：公允价值变动收益（损失为"-"）		
投资收益（损失为"-"）		
二、营业利润		
加：营业外收入		
减：营业外支出		
三、利润总额（亏损总额以"-"号填列）		
减：所得税费用		
四、净利润（净亏损以"-"号填列）		
五、其他综合收益的税后净额		
六、综合收益总额		
七、每股收益		

盈余管理所操控的目标通常是利润表的"底线数字"，即净利润、每股收益等。从利润质量的角度考虑，由于营业利润被视作"持续利润""核心利润"，所以，营业利润也常成为被操控的目标。另外，基于收入和费用的配比原则以及"销售收入-销货成本-期间费用=利润"这一简单的利润生成公式，收入和费用之间必然存在天然的因果联系。因此，在分析利润表的盈余管理疑点时，可以采用以下顺序：

第一步，分析底线数字"净利润"和"每股收益"等。

第二步，分析更能体现利润质量的营业利润。

第三步，分析资产减值损失、公允价值变动收益、投资收益三个特殊项目。

第四步，分析销售收入、销货成本和期间费用。

二、利润表 33 大疑点分析

疑点 1：微利

微利已被学界证明是一种盈余管理结果。企业进行盈余管理是具有成本、难度和风险的，需要调整的利润金额越大，调整成本则越高，调整难度也越大，被发现的可能性也越大，所以，企业并不会无休止的上调利润，而是达到"目标"即可。所以，"微利"这种刚好不亏损的状态，成为很多避亏企业热衷采用的操控目标，但也成为一个典型的盈余管理信号。

案例 5－1：年报披露时间的冠军

SD 公司是一家已经被风险警示的上市公司。SD 公司发布公告：公司于 2012 年 12 月 20 日与 GA 实业投资有限公司（GA 投资）签订了《房产转让协议》，向 GA 投资转让公司位于 H 省 H 市的房产。

公司上述房产账面原值为 3 604 万元，已计提折旧 1 758 万元，账面净值为 1 846 万元，评估价值为 3 323 万元，增值 1 477 万元，增值率为 80%。双方同意以 GA 投资或其关联单位对公司所享有的 3 323 万元债权作为支付对价，折抵该协议项下房产转让价款。

公司 2012 年报中显示，有 183 万元应付账款无法支付，转为营业外收入。

SD 公司在 2012 年终于扭亏为盈：盈利 115 万元，每股收益 0.004 元。

2013 年 1 月 21 日，SD 公司发布了其 2012 年年报，成为深交所第一家发布 2012 年年报的上市公司。

实务中并无统一标准来判断何为微利。案例 5－1 中，SD 公司在 2012 年终于扭亏为盈，实现盈利 115 万元，每股收益 0.004 元。对于一个上市公司而言，这个利润简直就是笑话，这是一个非常典型的"微利"。进一步的，SD 公司在危机年度选择性出售已经升值的房产，甚至还有"无法支付"的应付账款，都令人极度怀疑其利润的真实性。而且，在 2013 年 1 月 21 日就迫不及待的报出"盈利"的年报，以求尽快脱离 ST 的帽子，这更增加了各方对其微利真实性的怀疑。

疑点 2：利润微增

在利润目标不是盈利，而是增长的背景下，企业对于利润的调整就不再是盈利即可，而是要调整到比上期显示出"增长"。在上市公司迎合分析师预测、保持公司形象、获取信贷资金等动机驱使下，企业会将利润调整为"微增"，这也成为了识别盈余管理的一个重要疑点信号。

疑点3：利润微超临界值

除了盈利、增长之外，达到或超越既定的某个目标值也是一种常见的疑点。在第二章的案例2-7中，YH公司的利润刚好超过其业绩承诺的8 000万元标准，这个明显的疑点信号为进一步发现其通过提前确认售房收入来操控利润的手段奠定了基础。

疑点4：巨亏

在分析识别企业的盈余管理行为时，与"微利"所对应的并不是"微亏"。极少有企业会报出一个"微亏"的利润结果，但是，在多年亏损之后，某一年度的"巨亏"却屡见不鲜。显而易见，通过"巨亏"来实现财务上的"洗大澡"，以求下一年度迅速恢复盈利，这才是"巨亏"的真实目的和原因。

疑点5：亏盈交替

亏盈交替的现象也是中国上市公司的一个特点。在证监会现行监管制度下，连续亏损就会被风险警示，股票被冠以"*ST"的帽子，严重影响了公司的声誉、销售、股价等，所以上市公司会极力避免被"带帽"。因此，"亏盈交替"但却不"连续亏损"，成为亏损上市公司常见的操控方式。

疑点6：账税差异大

账税差异（Book-tax difference）是指会计利润是应税所得之间的差异。账税差异越大，说明公司的会计政策与税收法规差异越大，公司在会计政策和会计估计中的"操控性选择"可能性越大，也常被认为是通过应计项目调整利润的一种信号。

疑点7：利润总额与营业利润异号

由于很多企业采用简单的营业外收入项目来调整利润，因此经常会发生营业利润亏损，但利润总额为正的情况，这是一种明显的利用处置非流动资产、债务重组、非货币性资产交换、政府补助、甚至接受捐赠等简单方法实现盈余管理的疑点。

疑点8：营业外收入过高

在中国上市公司中，通过营业外收入项目调整利润的现象非常普遍，主要原因在于其相对简单快速。因此，当发现企业营业外收入过高时，要注意通过附注观察其营业外收入的具体内容，进一步发现企业操控利润的具体手段。

疑点9：营业外支出过高

如果营业外支出过高，则要怀疑企业是否有美化利润结构的利润调整行为。有些企业会通过将营业利润中的费用项目错误记录为营业外支出项目，达到增加营业利润、美化利润结构的目的。也有企业可能会利用营业外支出来达到"洗大澡"的目的。

疑点 10：营业利润微利

营业利润由于更持续，因而具有更高的质量，在投资者、债权人、监管机构更重视利润质量的今天，盈余管理开始由早期简单的"线下项目"操控向"线上项目"操控转变，因此，营业利润也可能呈现出"微利"现象，这与净利润被调整为"微利"的思路是相似的。

疑点 11：营业利润微增

营业利润"微增"的分析，与净利润被调整为"微增"的思路是相似的。

疑点 12：营业利润微超临界值

营业利润"微超临界值"的分析，与净利润被调整为"微超临界值"的思路是相似的。

疑点 13：投资收益突升/突降

投资收益的突然上升，可能是企业利用变换长期股权投资比例以调整权益法结果、或者通过向关联方出售股权投资等所导致。当发现投资收益突然上升过高时，要进一步核查企业是否操控了权益法，是否操控了股权处置，是否操控了可供出售金融资产的出售等。

投资收益的突然下降也应引起关注，因为这可能是为了"洗大澡"或者"甜饼罐式"盈余管理的利润储备所导致。

疑点 14：公允价值变动收益过高/突增

如果公允价值变动收益过高，则需要重点核查的是企业的投资性房地产项目在公允价值的确定角度是否被用于操控。实务中，其他项目（如交易性金融资产）的公允价值变动损益被操控的可能性一般较小。

疑点 15：资产减值损失突降/突升

一般而言，在经济环境没有大的变动情况下，企业的各项资产发生减值的可能性或减值的比例应该不会有太大波动。如果企业的资产减值损失出现突然的大幅下降或上升，则需要怀疑其是否通过存货、应收账款、或其他资产操控了资产减值的金额以达到调增或调低利润的目的。

疑点 16：资产减值损失与同行相比异常

盈余管理分析的一个重要方法是比较分析，包括比较企业自身前后期间的"纵向差异"和比较同行、不同企业之间的"横向差异"。企业前后期间某项金额发生异常变化或与同行比较金额异常，这些都说明企业的财务数据可能受到了操控。

案例 5-2 中，HD 公司在 2010 年计提的资产减值损失为 14 666 万元，这一金额对于一个上市而言看起来似乎并不算大，但是，其前后期间以及与同行比较的巨大差异却令人震惊。我们从案例 5-2 的材料中可以发现，HD 公司前后三年的资产减值损失计提大起大落，而相应的利润也是大起大落，每一个利润数字都毫无疑问受到了资产减值损失的巨大影响。可笑的是，在 2011 年初报出的年报，居然出现了"受汶川特大地震、全球金融危机和欧洲债务危机的后期影响"的减值理由解释。

案例 5-2：荒诞的减值依据

HD 公司 2010 年计提了 14 666 万元的资产减值损失（主要是存货和应收账款），当年亏损 26 484 万元。HD 公司 2008—2010 年的利润情况如下（单位：万元）：

项目	2 008	2 009	2 010
净利润	-49 253	23 102	-26 484
资产减值损失	39 659	-25 115	14 666

经计算，HD 公司 2010 年的产品销售毛利为 20%（同行均值约 15%），资产减值占总资产的比例为 1.69%（同行约 0.2%）。

公司对大额计提减值准备的解释是"本报告期内，受汶川特大地震、全球金融危机和欧洲债务危机的后期影响，有色金属产品价格波动较大，……"

疑点 17：营业收入微增

营业收入微增的分析思路与净利润、营业利润微增的分析思路是相似的，不再赘述。

疑点 18：营业收入突增/突降

在盈余管理的手段中，操控收入是最容易被使用的。突然上升的营业收入，在企业具有盈余管理动机的背景下，往往令人怀疑可能是利润操控所导致。所以，在发现企业的收入突然大幅上升，如果能排除合并新的子公司、新业务或新产品上市等影响外，则需要怀疑企业是否有虚构收入、提前确认收入的可能。

收入突然下降的分析，可以从"甜饼罐"或"洗大澡"的角度考虑。

疑点 19：第四季度营业收入突增/突降

第四季度发生盈余管理是一个常见现象，也被较多文献所证实。第四季度距离年度结束最近，公司判定自己的业绩距离目标的差异最准确，所以是否、如何进行盈余管理的决策很多在第四季度才做出。因此，第四季度如果发生营业收入的突然提高或下降，则很可能是盈余管理的信号。

疑点 20：营业收入冲回

虚构客户、或者虚构交易产生收入是一些企业采用的利润操控方法，但这种造假行为会直接导致企业的相关资产（特别是应收账款）不实，造成账实不符的现象和风险，因此，如果企业造假收入，通常会在利润调整的目标实现后，再将原先的虚假收入予以冲销（通过退货）。所以，一旦企业有大额退货，一定要严格关注。

疑点 21：毛利率突增/突降

在市场没有大幅波动的情况下，企业的毛利率一般是相对稳定的，所以毛利率的分析成为了盈余管理分析中用来分析企业收入或成本操控的重要工具。如果企业虚构收入但没有虚构相应的存货成本，或者企业虚减销货成本，则会直接从毛利率中被体现出来。

疑点 22：毛利率与同行相比过高/过低

在同行之间，特别是产品的同质性很强的情况下，毛利的差异很容易暴露企业的盈余管理操控行为。

案例 5-3：做酒要低调，毛利勿太高

SJ 公司是一家黄酒生产企业，上市前的毛利情况如下：

产品	项目	2010 年 1—6 月	2009 年	2008 年	2007 年
高端	平均单价（万元/吨）	8.543	10.635	11.900	11.510
	单位成本（万元/吨）	1.871	2.170	2.392	2.626
	毛利率	78.10%	79.60%	79.90%	77.19%
中端	平均单价（万元/吨）	4.386	5.341	2.570	2.970
	单位成本（万元/吨）	1.599	1.717	1.230	1.370
	毛利率	63.54%	67.85%	52.14%	53.87%
低端	平均单价（万元/吨）	1.549	1.438	1.396	2.110
	单位成本（万元/吨）	0.913	0.965	1.190	1.170
	毛利率	41.06%	34.93%	29.83%	44.55%
总计	平均单价（万元/吨）	2.051	2.133	2.436	2.90
	单位成本（万元/吨）	0.997	1.066	1.261	1.322
	毛利率	51.36%	50.02%	48.22%	54.42%

项目	2007	2008	2009	古越龙山 2009
净利润	1 751	3 024	2 965	7 786
营业收入	8 693	12 282	15 967	74 057
营业成本	3 959	6 343	7 961	46 312
毛利率	54.46%	48.36%	50.14%	37.46%
营业税金	112	264	414	3 425
营业税金/营业收入	1.29%	2.15%	2.59%	4.62%
经营活动现金流量	-4 515	-2 706	337	10 790

超高的毛利率，引起了无数关注。

如案例 5-3 所示，SJ 公司是一家制造并销售黄酒的拟上市公司，其 IPO 招股说明书中显示出所售黄酒产品的毛利率最高接近 80%，甚至远远超过了黄酒行业的大哥"古越龙山"，这着实令人难以相信。一家没有上市的企业、甚至产品基本上都销不进江浙沪这些黄酒消费大省的企业，它的毛利怎会如此之高？

毛利率与同行比较过低的情况也要引起注意，特别是在毛利率低的情况下收入大幅增加，因为这可能是企业通过大幅降低信用条件来提升收入的一种盈余管理行为所导致的结果。

疑点 23：税金占收入比突降

税金的分析也可以在盈余管理识别中起到一定作用。利用税金分析盈余管理识别的基本思路是，在一定情况下（如产品种类不变、税收政策不变等），税金的发生应该与收入的关系是相对稳定的，因此，"税金/收入"实际上可以用来做一个企业经营税率的"替代变量"。税率如果突然下降，要么怀疑公司偷漏税款，要么怀疑公司虚构收入。

疑点 24：税金占收入比与同行相比异常

与同行相比，是进一步证实企业操控利润的做法。例如案例 5-3 中，同样是黄酒销售企业，SJ 的税金与收入的比率远小于用于比较的上市公司古越龙山公司。对于拟上市公司而言，偷漏税款的违规成本之高是其难以承受的（重罚与上市被否）。所以，这一比率的异常可能只能从虚构收入来进行解释了。

疑点 25：销售费用占收入比突降/突升

收入和费用之间存在必然的"配比"关系，这种关系被很多实务中的分析师和学者用来发现企业的盈余管理行为。在既定的收入规模下，企业总是需要一定比例的广告、促销、奖励、回扣、奖金等费用的支撑，否则收入是无法实现的。进一步的，收入的变化也需要发生一定比例的费用才能实现。因此，销售费用、管理费用、甚至财务费用与收入之间的关系（比例）成为了识别盈余管理的一个重要参数。实际上，Roychowdury（2006）真实盈余管理模型中的费用操控，也是这样一种思路。

因此，如果企业的销售费用占收入比发生异常的下降或上升，则要怀疑其是否发生了利用削减或调整销售费用的操控手法来进行盈余管理。

疑点26：销售费用占收入比与同行相比异常

如果同行之间在盈利模式上存在高度的同质性，那么企业间的销售费用也会高度相似；如果销售费用占收入比与同行相比异常，也要怀疑企业是否利用削减或调整销售费用的操控手法来进行盈余管理。

疑点27：管理费用占收入比突降/突升

收入的实现或增加同样需要相应比例的办公费用、折旧费用、人员费用等来支撑。因此，管理费用的分析思路与销售费用相似，不再赘述。

疑点28：管理费用占收入比与同行相比异常

管理费用占收入比与同行相比异常，这一分析思路与销售费用相似，不再赘述。

疑点29：管理费用中出现大额律师费

在管理费用中如果突然冒出大额的律师费，则需要我们特别谨慎。对于上市公司而言，其每年需要支出一定金额的律师服务费用，但如果突然有大的律师费用金额出现，则要结合其他证据来分析企业是否陷入大的法律诉讼，并进一步检查企业是否在预计负债中予以体现。突然出现的大额律师费，可能是发现企业隐藏或有负债和或有损失的一个重要线索。

疑点30：财务费用占借款比突降/突升

利用财务费用占借款的比例来分析盈余管理，这和税金比例的分析有些相似，实际上是把这个比例作为了一个借款利率验证的替代变量。如果这一比例突然下降或上升，则要怀疑企业是否利用借款费用资本化的方法调整了利润。需要注意的是，由于我国财务报告中财务费用包含了利息收入的金额，因此更为准确的方法是应该采用财务费用明细中的利息支出金额。

疑点31：财务费用占借款比与同行相比异常

通过财务费用占借款比与同行比较，也是分析识别企业是否通过借款费用资本化调整利润的一种思路。

疑点32：财务费用占收入比突降/突升

企业营业规模的维持，特别是营业规模的扩大，需要资金的支持。因此借款费用与收入之间也应该存在一种逻辑关系。所以，财务费用占收入比与销售费用、管理费用的分析类似，不再赘述。

疑点33：财务费用占收入比与同行相比异常

通过财务费用占收入比与同行比较，思路同上。

第三节 资产负债表疑点分析

一、资产负债表结构与分析思路

资产负债表的结构如表5-3所示①。

表5-3 资产负债表

资产	期末余额	年初余额	负债和股东权益	期末余额	年初余额
流动资产：			流动负债：		
货币资金			短期借款		
交易性金融资产			交易性金融负债		
应收票据			应付票据		
应收账款			应付账款		
预付账款			预收款项		
其他应收款			应付职工薪酬		
存货			应交税费		
其他流动资产			其他应付款		
流动资产合计			其他流动负债		
非流动资产：			流动负债合计		
可供出售金融资产			非流动负债：		
持有至到期投资			长期借款		
长期应收款			应付债券		
长期股权投资			长期应付款		
投资性房地产			预计负债		
固定资产			非流动负债合计		
在建工程			负债合计		
工程物资			股东权益：		

---

① 注：这是一个较为简单的资产负债表格式，主要目的是为了结合本书的分析，有些项目并未列入。

续表

资　产	期末余额	年初余额	负债和股东权益	期末余额	年初余额
固定资产清理			股本		
无形资产			资本公积		
开发支出			其他综合收益		
商誉			盈余公积		
长期待摊费用			未分配利润		
非流动资产合计			股东权益合计		
资产总计			负债和股东权益总计		

理论上来讲，每一项资产、负债、所有者权益项目都可能会和利润联系起来，都可以用以推测利润操控行为。利润表是分析盈余管理的主要依据，资产负债表也可以起到较强的辅助作用。因此，在资产负债表疑点分析中，本书选择部分重要的资产和负债项目进行疑点分析。

二、资产负债表 42 大疑点分析

疑点 34：应收账款增长超过收入增长

应收账款增长超过收入增长，这是一个盈余管理的可疑信号，说明企业可能滥用赊销提升了收入。Lev 和 Thiagarajan（1993）的基础项目法实际上也是这种思路。

疑点 35：变更坏账准备计提方法

从资产负债表项目中，也可以关注应收账款的坏账计提情况，以发现企业是否利用坏账的计提来调整利润。

疑点 36：坏账准备计提方法与同行相比异常

坏账计提的变化是一种迎合某种盈余管理动机的显见操控手段。但即使是企业没有发生坏账计提的变更，只是发现其坏账准备方法与同行有明显的差异，这也要引起我们的注意，因为这可能是企业长期的一种盈余管理战略。而且，这种计提方法的异常可能会对应未来某一时点的坏账方法变更。

疑点 37：分期收款销售产生应收账款

与分期收款销售有关的盈余管理关注点有两个：一是收入金额的准确性，二是债权资产流动与非流动性质的确定。在第三章的案例 3 – 1 中，SY 公司的做法提醒我们要警觉企业利用分期收款销售来同时调整收入和流动比率的"一举两得"。

疑点 38：预付账款余额过高

对预付账款余额异常的怀疑，主要原因是企业可能采取推迟费用确认时间的操控。例如，企业将已经支付的维修、广告、水电等费用记入预付账款，推迟确认费用。预付账款余额过高，要提防企业长期隐藏费用。另外，企业在隐藏费用的同时，也会虚增流动资产和流动比率。

疑点 39：预付账款本期增加额过大

预付账款本期增加额过大，要提防企业突然将某项费用隐藏于预付账款中。

疑点 40：其他应收款余额过高

其他应收款容易成为企业隐藏费用或损失的工具。要提防企业将待处理财产损失、支付的各项费用等隐藏于其他应收款之中的利润操控方法。

疑点 41：其他应收款本期增加额过大

其他应收款增加额过大的疑点分析与疑点 40 类似，主要区别是增加额过大的迹象更为明显，而余额的异常可能是一种长期的操控。

疑点 42：存货增长超过销售成本增长

存货增长过快，一方面可能说明企业存货管理存在问题，效率低下；另一方面也可能是虚构存货、虚减销售成本的利润操控所致。

疑点 43：存货减值金额异常

存货减值金额异常，分析思路与利润表中资产减值损失的思路相似，但存货减值异常的分析可以从资产负债表存货项目的附注解释中发现。另外，通过存货、应收账款等具体资产项目的减值分析，依据也更充分。

疑点 44：存货减值占总资产比突降/突升

不同期间的存货规模不同，因此简单地通过存货减值的金额变化来推测利润操控可能不够准确，而利用存货减值占总资产比的相对值分析则能较好地解决这一问题。

疑点 45：存货减值占总资产比与同行相比异常

存货减值占总资产比例与同行的比较是为了通过横向比较，进一步证明企业在存货减值中存在的"异常"。

疑点 46：长期应收款突升/突降

长期应收款的突然上升或下降，要怀疑企业是否有通过分期收款销售调整利润或通过长期应收款的流动资产与非流动资产划分操控流动比率的可能。

疑点 47：长期股权投资处置价格异常

长期股权投资处置价格异常，要提防企业是否通过关联方或隐性的关联方来操控股权投资的处置价格，以达到盈余管理的目的。

疑点 48：长期股权投资比例的临界值变化

对被投资方的长期股权投资比例的变化也要引起关注，特别是当比例变化达到临界值，同时企业变更了权益法处理的被投资公司范围时，更可能是企业通过长期股权投资权益法操控利润的疑点。

疑点 49：子公司构成发生重要变化

子公司发生变化，要注意企业是否通过调整不同盈利情况的子公司来操控利润。例如，将亏损的子公司出售，或者买入高盈利的子公司。

疑点 50：先转后售投资性房地产

投资性房地产的出售损益通过"其他业务收入"和"其他业务成本"进入营业利润。如果企业发生在同一会计期间先将作为固定资产的房地产或作为无形资产的土地转为投资性房地产，随后又将其出售，则要怀疑企业是否是通过这一转换来操控资产处置损益的利润构成。

疑点 51：将其他资产转化为投资性房地产

如果企业将其他资产转化为投资性房地产，则要怀疑其是否有以后期间将该资产出售来调整利润结构、或者通过投资性房地产的公允价值计量来调整利润的动机。具体可参考案例 3-10 中 GS 公司的做法。

疑点 52：变更投资性房地产的计量模式

变更投资性房地产的计量模式是一种明显的利润操控方法，通过成本模式变更为公允价值计量模式，在多年来房价连续上涨的中国，无疑可以让企业赚到更多的持有利得。

疑点 53：固定资产处置收益金额大

固定资产处置收益金额大，要关注企业固定资产处置的对象、价格等是否被操控。

疑点 54：折旧方法变更

折旧方法、折旧年限、折旧残值等方面的折旧变更，是一种典型的应计盈余管理，而且上市公司在发生折旧变更时要对外公告披露，这种识别相对比较简单，但要评价企业变更的理由是否合理充分。

疑点 55：折旧方法与同行相比异常

折旧方法同行比较的目的是利用可比性和客观性的会计原则，增强疑点分析的说服力。

疑点 56：固定资产持有待售长期不售

如果企业资产负债表中出现持有待售的固定资产，要提防企业可能操控转让协议和转让价格、隐藏减值损失。

疑点 57：在建工程拖延完工

如果发现在建工程明细中有长时间未完工结转固定资产的项目，则需要留意企业是否有通过拖延完工或虚构未达到可使用状态的标准以操控利润的嫌疑，如继续资本化相关支出、避免折旧费用等。

第五章 盈余管理的识别

疑点 58：在建工程中费用资本化异常

在建工程中如果有借款费用等资本化的费用支出，要留意资本化及其金额是否合理、是否有被操控的可能。

疑点 59：工程物资余额长期不变

如果企业有长期未发生变化的工程物资资产，则需要特别留意这项资产长期未被用掉的原因。例如，是否由于发生了"烂尾楼"之类的事件而导致了工程物资的长期滞存。

疑点 60：固定资产清理金额增加过大

如果企业存在固定资产清理这项资产，要留意企业是否有通过虚构固定资产转让协议等来暂停折旧和减值等进行利润操控的可能。

疑点 61：固定资产清理长期挂账

如果固定资产清理长期挂账，则需留意企业是否一直在推迟资产减值损失的确认。

疑点 62：无形资产处置收益过大

无形资产处置收益过大的分析思路与固定资产处置收益大的分析思路类似。

疑点 63：无形资产摊销方法变更

无形资产摊销方法变更的分析思路与固定资产折旧方法变更的分析思路类似。

疑点 64：无形资产摊销方法异于同行

无形资产摊销方法与同行相比异常的分析思路与固定资产折旧方法异常的分析思路类似。

疑点 65：开发支出金额突然增加

如果出现突然增加的开发支出，要留意企业是否有不合理的资本化研发支出项目，对企业的研发支出项目内容及资本化合理性进行分析。

疑点 66：开发支出久未转入无形资产

对于长期未能转入无形资产的开发支出，有可能是资本化时间过早所导致，也有可能是研发可能失败的前兆，需要特别警觉。在具体公司的分析中，要结合行业的实践来分析，不能一概而论。

疑点 67：长期待摊费用余额过高

长期待摊费用也是费用化与资本化选择操控的重要工具。如果企业的资产负债表中长期待摊费用余额过高，要对其具体项目进行分析，判断是否存在长期利用费用资本化的可能。

疑点 68：长期待摊费用突然增加

如果长期待摊费用突然增加，则要留意是否有新增的资本化项目操控可能。

疑点 69：长期待摊费用转换异常

如果企业发生长期待摊费用的性质转换，例如，长期待摊费用总会有到期的时刻，因此会发生长期资产转为流动资产的可能，在发生这种转换时，要留意企业是否有动机和迹象进行流动比率的操控。

疑点 70：预收账款余额过高

与其他负债不同，预收账款这项负债的存在，对于企业而言是一个重要的好信号，而不是债务负担的象征。预收账款多的企业，通常都是市场地位很强的企业，在产品市场中具有很强的竞争能力，因此才会有很多企业愿意提前预付货款来购买货物。如果预收账款余额过高，则要留意企业是否长期压低、延迟收入的确认。

疑点 71：预收账款占收入比突升/突降

为了增强不同期间和不同企业之间的可比性分析，通常在对预收账款分析时，需要将其与收入项目做标准化处理后，再用于不同期间和不同企业之间的比较。

疑点 72：其他应付款余额过高

其他应付款也可能是企业隐藏收入、推迟收入确认的一个利润操控账户工具，其余额过高意味着企业有可能一直在压低收入或利得。

疑点 73：其他应付款突升/突降

其他应付款的异常变化提醒我们，企业有可能在本期有新的推迟收入产生的项目，需要对其明细项目仔细分析。

疑点 74：预计负债突降/突升

预计负债的分析判断难度往往较大，但如果企业的预计负债项目突然增加或下降，都要留意其是否突然对销售出去的产品保修准备等估计项目进行了金额的操控。除了诉讼、重组等非常规或有事项外，这类操控主要发生于销货量大的消费品行业中，如汽车销售、家电销售等，这些行业需要我们特别关注。

疑点 75：预计负债计提异于同行

预计负债计提与同行差异的比较，主要目的是为了增强证据的客观性和说服力。

第四节 现金流量表疑点分析

"现金为王"（Cash is king）不仅可以说明现金在企业中的重要性以及投资者和债权人等对现金的重视，也可以成为判断利润质量和分析盈余管理的重要手段，尤其是在分析应计盈余管理时更为有用。

一、现金流量表结构与分析思路

现金流量表的结构如表 5-4 所示。

表 5-4　　　　　　　　　　　　现金流量表

项　目	本期金额	上期金额
一、经营活动产生的现金流量		
销售商品、提供劳务收到的现金		
收到的税费返还		
收到其他与经营活动有关的现金		
经营活动现金流入小计		
购买商品、接受劳务支付的现金		
支付给职工以及为职工支付的现金		
支付的各项税费		
支付其他与经营活动有关的现金		
经营活动现金流出小计		
经营活动产生的现金流量净额		
二、投资活动产生的现金流量		
收回投资收到的现金		
取得投资收益收到的现金		
处置固定资产、无形资产和其他长期资产收回的现金净额		
处置子公司及其他营业单位收到的现金净额		
收到其他与投资活动有关的现金		
投资活动现金流入小计		
购建固定资产、无形资产和其他长期资产支付的现金		
投资支付的现金		
取得子公司及其他营业单位支付的现金净额		
支付其他与投资活动有关的现金		
投资活动现金流出小计		
投资活动产生的现金流量净额		
三、筹资活动产生的现金流量		
吸收投资收到的现金		
取得借款收到的现金		
收到其他与筹资活动有关的现金		

续表

项 目	本期金额	上期金额
筹资活动现金流入小计		
偿还债务支付的现金		
分配股利、利润或偿付利息支付的现金		
支付其他与筹资活动有关的现金		
筹资活动现金流出小计		
筹资活动产生的现金流量净额		
四、汇率变动对现金及现金等价物的影响		
五、现金及现金等价物净增加额		
加：期初现金及现金等价物余额		
六、期末现金及现金等价物余额		

利用现金流量表来分析盈余管理，主要依据是经营活动现金流的特点。另外，非经营活动现金流中也有一些项目有助于企业财务报表操纵的分析。

二、现金流量表10大疑点分析

疑点76：经营活动现金流量为负/经常为负

经营活动现金流是企业现金流的"造血"来源，如果企业的经营活动现金流经常为负数，则很可能是企业利用应计项目操控利润的迹象。同时，现金是否与利润同步，也是衡量利润质量（盈余质量）的一个重要标准。

疑点77：经营活动现金流量远小于营业利润

经营活动的现金流内容与营业利润的业务内容基本一致，都是企业经常性的业务活动。因此，通过经营活动现金流与营业利润的比较，更能发现企业利润质量的高低，特别是有利于应计盈余管理的识别。实务中，营业利润与经营活动现金流的差异也是Jones模型中"应计利润"的实际量值。

疑点78：经营活动现金流量远小于同行

经营活动现金流与同行的比较，主要是为了通过行业的相似环境分析，增强质疑结果的可靠性。

疑点79：经营活动现金流量微正

现金流也是投资者等作出决策的重要依据，因此现金流也容易受到操控，一是为了达到投资者等的现金流预期，二是也可能为了掩饰应计盈余管理。如果出现经营活动"微正"的现象，与净利润、营业利润等"微正"类似，都是较强的操控疑点信号。

疑点80：销售商品收到的现金突降/突增

实际上，经营活动现金流也有众多的项目构成，在这些构成项目中，销售商品收到的现金无疑最被关注，因为它可以直接衡量"收入质量"。所以，如果企业销售商品收到的现金发生异常增加或减少时，要留意企业有无上调收入或下调收入的可能。

疑点81：销售商品收到的现金远小于收入

销售商品收到的现金与收入的关系分析，类似于经营活动现金流与营业利润的关系分析，不再赘述。

疑点82：其他经营活动现金偏高或异常增加

其他经营活动产生的现金流也需要特别关注，因为现金流量表的经营活动中的"其他"，实际上很可能是非经常性的、基于现金流量表内容的"三分法"规则而计入所谓的"经营活动现金流"的内容，很可能并不是经常性的现金流入，这也很容易被企业用来操控现金流量表。

疑点83：处置固定资产等收回的现金净额过高

如果处置固定资产等收回的现金净额过高，要留意企业是否操控了固定资产的处置价格，可以结合利润表中营业外收入的信息和资产负债表中固定资产的信息来分析判断。

疑点84：购建长期资产的现金流出异常

企业在操控经营活动现金流时，可能会采用简单粗暴的造假方式，直接虚增经营活动的现金流入，然后在投资活动中再"流出"，以此既虚增经营活动现金流，又做平现金流量表。

疑点85：借款收到的现金远小于偿还借款的现金

融资活动现金流中的某些项目也可能侧面揭示企业的利润操控行为。如果借款收到的现金远小于偿还借款的现金，意味着银行一直在收款、减少或不再放贷款，说明银行可能已经意识到了报表的风险，这也可以成为一个疑点。

第五节 表外疑点分析

除了主要的财务报表外，表外还有很多疑点，也可以作为推测或怀疑企业是否操控利润的信号。

一、表外疑点的分析思路

表外疑点分析的思路是，利用学术界或实务界多年的研究或经验积累，将发生过盈余管理或财务舞弊公司的非财务报表特点作为疑点，来质疑可能发生的财务报表操控行为。笔者从公司层面和人员层面大致归纳了 15 个疑点，用于进行盈余管理的表外疑点分析。

二、表外 15 大疑点分析

疑点 86：公司或核心高管声誉差

公司或高管较差的声誉，很可能与盈余管理存在关联。因此，如果目标公司或其高管的声誉较差，要特别留意企业的财务报表操控可能性。值得一提的是，学术研究已经发现了明星 CEO 操控利润的证据，这提醒我们，头顶光环的明星 CEO 企业，也可能进行盈余管理，需要特别留意。

疑点 87：公司有其他非财务造假或违规行为

违规行为有多种，发生某种违规行为的企业，也更可能发生财务上的违规。如果发现企业有偷漏税款、污染环境、恶待员工等违规事件时，要增加对其操控财务报表的怀疑。

疑点 88：公司在行业中"一枝独秀"

"一枝独秀"是一个较为有效的识别盈余管理的信号。在行业哀鸿一片的情况下，一家企业为何"一枝独秀"？剔除正常的经营原因外，还要留意其是否为了特殊的目的进行了盈余管理。

疑点 89：赊销政策过于宽松激进

过于宽松的赊销政策，很可能是为了特定的利润目标所设计。因此，如果企业有明显的利润调整动机，在其赊销政策突然变得宽松激进时，要留意其盈余管理的可能，这虽然增加了现时的利润，但也提高了后期坏账的风险。

疑点 90：更换会计师事务所或使用本地小所

很多研究和案例表明，规模大、声誉好的会计师事务所的审计质量更高，企业更不容易操控报表，而小所的审计质量更低，企业操控报表的可能性更高。另外，会计师事务所的异常变更也可能说明企业与负责审计的会计师之间意见分歧大。所以，一旦发现企业经常变更会计师事务所、或者喜欢使用规模很小、名声很小的会计师事务所，要特别留意其财务报表被操控的可能。

疑点 91：公司印章管理混乱

印章管理可以体现一个公司的内部控制水平。另外，一些企业为了便于利润的操控，可能会注册一些空壳的公司，以便于日后收入或费用的造假。所以，一旦发现企业拥有多家公司的印章，则需要提高警惕。

疑点 92：会计账簿和会计凭证崭新

企业在操控利润的过程中总会留下痕迹，频繁做出虚假的会计报表和会计凭证来应对不同的部门的现象也不少见。当发现企业提供的会计资料崭新的时候，需要留意：这是刚刚为我"量身定做"的吗？

疑点 93：公司高管或关键财务人员更换频繁

如本书第一章的文献综述和第二章的盈余管理动机中所述，高管变更前后很容易发生盈余管理。另外，关键财务人员（如财务总监、负责财务报表编制的会计等）的异常变更（如辞职、被免职等）也可能说明企业的财务报表问题很大，操控可能性很大。

疑点 94：关联公司之间存在的盈余管理传染

研究表明，盈余管理在不同的公司之间会通过"关联董事""关联高管"等发生传染。因此，如果企业的某一关联方或董事的关联公司发现盈余管理，则需要留意目标公司也可能发生盈余管理。

疑点 95：财务人员素质过低

低素质的财务人员对于财务报表操控的影响有两个方面：一是其风险意识低，容易受到公司管理人员的指使进行利润操控；二是其本身业务水平低，对于操控的错误或违法会计处理认识不足。

疑点 96：财务人员与公司高管之间存在亲密关系

财务人员与公司高管之间存在亲密关系（如夫妻、父子、姐妹等近亲属关系或其他隐性的亲密关系）会严重影响财务人员的独立性，导致报表受操控的可能性增加。

疑点 97：财务人员解释含混不清/行为失常

"心中有鬼"才会急。财务人员或公司高管在面临审计或调查人员的询问或质疑时，解释含混不清或者情绪失态等，都可能隐含显示出公司的财务报表真实性问题。

疑点 98：设置障碍影响信息的获取

审计人员或调查人员在获取客户信息、存货信息、债权信息等重要信息时，如果遇到被查公司故意设置的障碍、影响信息获取，则通常说明财务报表不真实，利润有假。

疑点 99：报表账簿等材料的提供缓慢拖延

及时性是衡量会计信息质量的一个重要标准。如果在财务信息披露、会计资料提供等方面拖拉延迟，通常说明财务报表存在问题。例如，变更、或者多次变更财务报告预约披露时间的上市公司，通常在财务报表的真实性角度存在重大问题嫌疑。

疑点 100：财务人员神态异常

如果有机会到企业实地财务调查，发现财务人员神色慌张，甚至鬼鬼祟祟，这也是财务报表受到操控的明显信号。

第六章

盈余管理综合案例分析

本章选择四个综合性的案例，分别对 SY、KZ、HN、HT 四家公司在特定年份的盈余管理的原因、方法及识别进行综合性的案例分析。

第一节　民营企业政治关系与盈余管理：SY 案例分析

一、案例资料

2012 年，SY 公司陷于裁员风波、业绩下滑、总部搬迁等多种困境与争议之中，然而，即便是在如此多事之秋和市场大幅下滑的背景下，SY 仍然取得了 60 多亿元的丰厚利润。丰厚的业绩是其实力的体现，还是报表的粉饰？需要我们对其进行深入探析。

（一）背景信息

1. 公司基本情况

SY 股份有限公司（本文以下简称"SY"）由 SY 集团创建于 1994 年，2003 年 7 月 3 日在上海证券交易所 A 股上市。

SY 主要从事混凝土机械、路面机械、桩工机械、履带起重机械等工程机械的研发、制造和销售业务，经营范围包括建筑工程机械、起重机械、停车库、通用设备及机电设备的生产、销售与维修；金属制品、橡胶制品及电子产品、钢丝增强液压橡胶软管和软管组合件的生产、销售；客车的制造与销售；五金及政策允许的矿产品、金属材料的销售；提供建筑工程机械租赁服务；经营商品和技术的进出口业务。

公司继成立及上市以来，多年雄踞工程机械行业市场领先地位，资产规模、市场销售、股票市值等均位居工程机械板块中国上市公司前列。

2. 公司经营与财务概况

SY 的 2012 年报中董事会关于报告期内经营情况的讨论与分析显示，在重工机械行业需求减缓与市场竞争不断加剧的背景下，SY 的营业收入与净利润均出现了大幅下滑，但其经营业绩仍然优于整个行业，不仅实现了超过 60 亿元的丰厚利润，而且公司在 2012 年混凝土机械销售额超过 300 亿元，稳居全球第一；挖掘机械销售额超过 100 亿元，市场占有率由 12% 大幅提升至 18%，稳居国内市场占有率第一；履带起重机、旋挖钻机、摊铺机等产品持续稳居国内市场占有率第一。

SY 公司 2012 年的主要财务数据如表 6-1 所示：

表 6-1　　　　　　　　SY 公司 2012 年主要财务数据　　　　　单位：百万元人民币

主要财务数据	2012 年	2011 年	增长率
营业收入	46 831	50 776	-7.77%
营业成本	31 963	32 252	-0.90%
毛利率	31.75%	36.48%	-12.97%
净利润	6 011	9 362	-35.79%
每股收益	0.75 元	1.14 元	-34.26%
加权平均净资产收益率	26.64%	55.96%	-29.32%
经营活动现金净流量	5 682	2 279	149.31%
总资产	64 461	51 307	25.64%

从表 6-1 可以看出，SY 在 2012 年实现收入 468 亿元，较 2011 年下滑了 7.77%，毛利率下滑 12.97%，产品市场竞争能力下降。净利润为 60.1 亿元，相比较 2011 年下滑 35.79%，每股收益 0.75 元，下滑 34.26%，加权平均净资产收益率 26.64%，下滑 29.32%，财务业绩尽管较高，但都出现了较大幅度的下滑。经营活动现金流量为 56.81 亿元，较 2011 年上升 149.31%，公司的现金管理水平较高。总资产为 644.61 亿元，较 2011 年实现了 25.64% 的增长。

进一步地，将 SY 公司 2012 年各个季度的主要财务数据列示如表 6-2 所示：

表 6-2　　　　　　　SY 公司 2012 年分季度主要财务数据　　　　　单位：百万元人民币

主要财务数据	1 季度	2 季度	3 季度	4 季度	2012 年
营业收入	14 678	17 082	8 939	6 132	46 831
营业成本	9 038	11 462	6.602	4 860	31 963
毛利率	38.42%	32.90%	26.14%	20.74%	31.75%
净利润	2 940	2 493	776	-198	6 011
每股收益	0.37	0.31	0.09	-0.02	0.75
经营活动现金净流量	-4 389	2 642	2 575	4 854	5 682

为了更直观的显示分季度的主要财务数据，列示上述数据的折线图如图 6-1 所示：

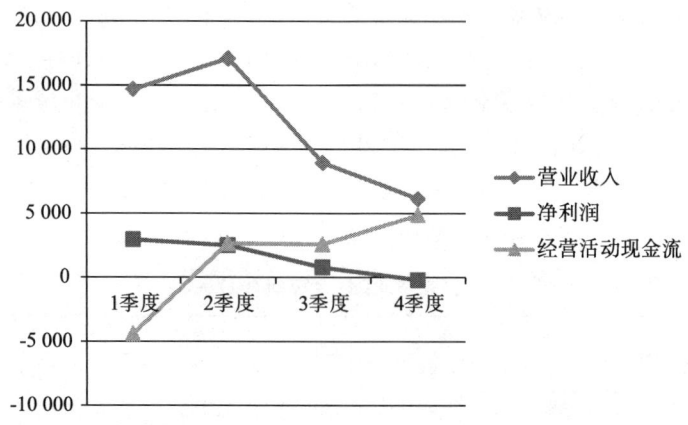

图 6-1　SY 公司 2012 年分季度主要财务数据

表 6-2 和图 6-1 显示，SY 在 2012 年中整体盈利 60.11 亿元，前三个季度均实现了盈利，第四季度亏损 1.98 亿元。公司的营业收入和净利润在一、二季度金额较高，收入增长迅速，但第三季度却发生了较大下滑，第四季度收入尚不足第一季度的一半水平，第四季度甚至发生了亏损。与财务业绩先扬后抑相反，公司的经营活动现金流却从第二季度开始，一路飙升，全年经营活动现金流 56.82 亿元，单独第四季度就贡献了 48.54 亿元。公司资产负债表显示，预收款项 2012 年末较年初增长了 9.94 亿元，增长率 111%。

3. 公司其他背景信息

SY 董事长 L 先生是 SY 集团的主要创始人，中共十七大、十八大代表，第八、九、十届全国人大代表，多次荣获"全国劳动模范""全国优秀民营企业家""优秀中国特色社会主义事业建设者""中国经济年度人物"《福布斯》"中国上市公司最佳老板"等称号，是中国民营企业家的杰出典范。2012 年 6 月，董事长 L 先生当选十八大党代表。2012 年 12 月，董事长 L 先生当选"CCTV 2012 中国经济年度人物"，这是继获评"CCTV 2005 中国经济年度人物"之后，第二次获此殊荣。

从 2011 年下半年至 2012 年初，关于 SY 的裁员传闻在社会与网络中不断传播，北京晨报 2012 年 1 月 10 日刊登了题为《SY 被曝大幅裁员降薪，受累房产调控》的报道，称"SY 即将裁员 30%，工资改革方案则砍了一半多的钱"。公司当天对外发布澄清公告，否认上述报道的真实性，声明公司目前经营情况良好，主营产品市场占有率不断提升，不存在裁员或降薪的情况。然而，从 SY2011 年和 2012 年的年报可以看出，SY 的员工人数由 2011 年的 51 827 人，下降到了 2012 年的 34 887 人，下降率 32.69%。

2012 年 11 月，网上大量传播 SY 总部搬迁至北京一事，在搬迁原因、范围、影响等方面有一些猜测，如"SY 指责政府偏袒""各核心事业部将全部迁往 B 市，C 市基地将仅保留泵送事业部"等等，对 SY 造成了较大的影响。公司于 2012 年 11 月 30 日发布澄清公告：(1) SY 总部搬迁与 H 省投资环境没有任何关联。SY 又快又好的发展充分证明：H 省有良好的投资环境，C 市具备一切打造世界级企业的必备条件。SY 健康快速发展得益于 H 省良好的投资环境、H 省委省政府以及各级部门的关怀与坚定支持，全体 SY 人对此永远心存感激。(2) SY 总部迁往 B 市的主要原因是规避恶性竞争，加速推动公司国际化进程，实现"品质改变世界""成就世界级 SY"的产业理想。(3) 此次搬迁只涉及总部少数部门和人员，泵送事业部、汽车起重机、路面机械以及在 H 省所有工厂和项目均不在搬迁之列，公司在 H 省的产值、税收和就业基本不受影响。H 省将继续是 SY 未来发展和投资的重点，SY 将以更好、更快的发展回馈 H 省父老，以此报答 H 省委、省政府以及社会各界对 SY 的长期关怀与支持。(4) 公司重大决策都将经过科学研究，严格论证，充分考虑公司长远发展和投资者利益。此次搬迁仍然处于计划阶段，所有工作将按法定程序推进，感谢社会各界对 SY 的关注与关心，但所有信息均以公司指定信息披露媒体的公告为准。(5) 公司一贯坚持理性竞争，稳健经营，严控风险，呼唤行业的良性竞争与发展，我们也对未来充满信心。

新闻媒体对于 SY 董事长 L 先生的传闻也很多，从 2011 年下半年开始，网上不断出现"新首富 L 先生接受组织部门考察 据传将弃商从政""内地新首富 L 先生接受中组部考察 将弃商从政 担任 H 省副省长""'红顶'商人 L 先生：或进入中央候补委员序列""L 先生突然爆发因'红顶'梦碎？"等媒体新闻，2012 年 11 月 11 日，有人问 L 先生："一年之前就盛传你会进入中共中央委员会，是真的么？"L 先生的回答是："有些媒体在很早前就说我要进入中央委员会了，我只能简单地告诉你们：这是捕风捉影，空穴来风，别有用心！"有记者追问："你看到的名单上，有你的名字么？"L 先生重复了刚才的话，笑着说："这个问题我不能说，但我相信你听懂了！"但在几天后公布的中共新一届中央委员会委员名单上，被认为有望成为民营企业家进入中央委员会中第一人的 L 先生并没有出现。从北京十八大会场返回 C 市不久，L 先生就宣布了 SY"迁都"的战略举措①。

---

① business.sohu.com/20121130/n359139116.shtml

(二) 案例概况

SY 在 2012 年中，出现了一些争议性的会计处理，主要如下：

1. 变更坏账计提比例

2012 年 10 月 19 日，SY 发布变更会计估计的公告：为了更客观公正地反映公司的财务状况和经营成果，便于投资者进行价值评估与比较分析，结合目前行业应收账款坏账准备计提比例以及公司的实际情况，根据会计准则规定，公司决定自 2012 年 7 月起对应收款项（应收账款及其他应收款）中"根据信用风险特征组合账龄分析法坏账准备计提比例"的会计估计进行变更。应收款项中信用风险特征组合账龄分析法变更前后坏账准备计提比例情况如表 6-3 所示：

表 6-3　　　　　　　　　会计估计变更前后对照表

账龄	变更前计提比例	变更后计提比例
未到合同收款日应收款	2%	1%
1 年以内（含 1 年）	5%	1%
1—2 年	10%	6%
2—3 年	20%	15%
3—4 年	50%	40%
4—5 年	50%	70%
5 年以上	50%	100%

经公司财务部门测算，本次会计估计变更预计增加 1—9 月归属于上市公司股东的净利润约 4.7 亿元。

SY 变更后的坏账计提比例结果与其主要竞争对手 ZL 公司已经完全一致。

2. 持续获得巨额财政补贴

作为 H 省最大的企业之一，SY 每年从政府获得不菲的财政补贴，具体如表 6-4 所示。

表 6-4　　　　　　　　SY 收到的政府补助　　　　　　　单位：人民币百万元

政府补助内容	2012 年	2011 年	2010 年
财政补贴及税收返还	560.18	902.48	70.50
新产品研发补贴	9.55	13.05	20.52
其他	7.07	21.61	4.21
合计	576.80	937.14	95.23

注：表中数字为计入当期损益的政府补助数字。

而作为 SY 最强的竞争对手之一，ZL 公司虽然在规模、业绩等方面不逊于

SY,也是 H 省的重要经济支柱,但其每年获取的政府补贴与 SY 相比较却相形见绌。ZL 公司收到的政府补贴如表 6-5 所示。

表 6-5　　　　　　　　ZL 公司收到的政府补助　　　　　　单位:人民币百万元

政府补助内容	2012 年	2011 年	2010 年
收到的各项退税款	82.16	13.26	13.14
重点项目专项补助	59.13	69.45	39.41
其他补助	70.77	4.17	17.80
合计	212.06	86.88	70.25

注:表中数字为计入当期损益的政府补助数字。

如表 6-4 和表 6-5 所示,SY2012 年从政府获取了将近 6 亿元的财政补贴,这一金额是其竞争对手 ZL 公司的两倍之多,而且,2011 年二者差距更大,SY 获得的政府补贴是 ZL 公司的 10 倍之多。

3. 收入确认模式别具特色

作为大型的工程机械销售商,SY 的销售模式与销售收入的确认与普通企业有着较大区别,其年报对此也做了信息披露。

我国 2006 年初发布了新的会计准则体系,要求上市公司从 2007 年开始执行,SY2007—2011 年的年报中均对其收入确认原则作了如下披露:对分期收款方式销售的商品,在满足前述收入确认的条件时确定收入。对于分期收款发出商品收入金额的确认,本公司按照以下原则进行:(1)收款期限在三年以内的,按应收的合同或协议价款全额确认收入;(2)收款期限在三年以上的,按照应收的合同或协议价款的公允价值确定收入金额。应收的合同或协议价款与其公允价值之间的差额按照应收款项的摊余成本和实际利率计算确定的金额进行摊销,冲减财务费用。对按揭销售方式销售的商品,本公司在收到客户首付款、办理好银行按揭手续时确认收入。

在 2012 年报中,这一披露内容不复存在,而 SY 在 2012 年并未发布关于收入确认的会计政策变更公告。

SY2012 年年报中"十、或有事项"的披露信息如下:本公司部分终端客户以所购买的工程机械作抵押,委托 ZF 资产管理有限公司(以下简称"ZF")或与本公司合作的经销商(以下简称"经销商")向金融机构办理按揭贷款,按揭合同规定单个承购人贷款金额为购工程机械款的 70%—80%,期限通常为 2—4 年。根据公司与按揭贷款金融机构的约定,如承购人未按期归还贷款,ZF(或经销商)、本公司负有向金融机构回购剩余按揭贷款的义务。截至 2012 年 12 月 31 日,本公司负有回购义务的累计贷款余额为 244.86 亿元,客户逾期按揭款及回购款余额为19.85亿元，本公司已将代垫和回购的客户逾期按揭款余额转入应收账款并按相应账龄计提坏账准备。

上述与销售有关的"或有事项"信息披露，实际上从2007年开始即存在，2007年年报披露：按工程机械行业经营惯例，承购人以所购买的工程机械作抵押，向银行办理按揭，按揭合同规定单个承购人贷款金额不超过购工程机械款的7成，期限最长为3年。按公司与按揭贷款银行的约定，如承购人未按期归还贷款，本公司负有回购义务。截至2007年12月31日，本公司负有回购义务的累计贷款余额为2 228 011 577.21元，客户逾期按揭款及回购款余额为127 691 069.82元，本公司已将代垫和回购的客户逾期按揭款余额转入应收账款并按相应账龄计提坏账准备。

由此，SY的销售模式可如图6-2所示。

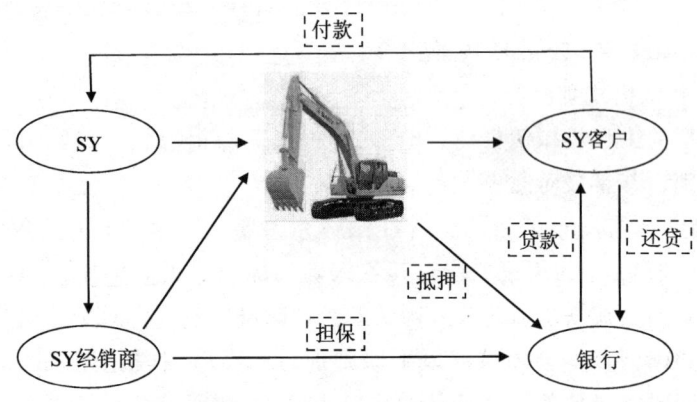

图6-2 SY的销售模式

对于SY而言，2012年注定是不平静的一年。面对残酷的市场竞争、激烈的舆论和员工非议，SY的财务业绩先扬后抑，最终实现了60多亿元的利润。董事长L先生再次辉煌当选年度经济人物和十八大大表，但并未如传闻所述成为民营企业家进入中央委员会中第一人，SY也最终将总部从C市迁至B市。

（三）讨论题目

1. 你认为SY在2012年变更坏账准备计提比例的原因是什么？变更理由是否充分合理？
2. 如何看待SY连续多年获取的巨额政府补助？
3. 你认为SY的销售收入确认政策是否合理？
4. 民营企业盈余管理的动机有哪些？SY可能的盈余管理动机是什么？
5. 结合本案例的资料，概括分析SY在2012年所采用的盈余管理方法。

二、案例分析

(一) 理论背景

1. 如实反映与会计估计变更

如实反映 (faithfully representation) 是会计信息的主要质量特征之一，它强调会计处理方法的选择应该客观、中立、没有偏见，恰当反映所欲反映的对象。

会计估计在财务会计中无处不在，恰当合理的运用会计估计能够起到忠实表述、提高会计信息质量的目的，也体现了会计人员的职业判断能力在财务会计中不可或缺的作用。例如：为了正确反映企业的各项会计要素情况，会计人员需要合理估计固定资产的使用年限、残值和耗用方式、可能发生的坏账比例、已售产品可能发生的保修费用等等。既然是会计估计，随着时间的推移和环境的变化，原来的估计就可能不再适用新的情况。因此，会计准则要求企业定期对会计估计进行复核，对原有的会计估计进行修正。

对于上市公司而言，会计估计变更可能对外界传递两种信号：一是公司面临的环境发生了变化，意欲通过会计估计变更进一步提高会计信息质量；二是公司在特定背景下财务业绩不理想，意欲通过会计估计变更进行盈余管理。

2. 销售商品收入确认的原则

《企业会计准则第 14 号——收入》第四条对销售商品收入确认的条件进行了界定，要求销售商品在同时满足下列条件时，才能予以确认：(1) 企业已将商品所有权上的主要风险和报酬转移给购货方；(2) 企业既没有保留通常与所有权相联系的继续管理权，也没有对已售出的商品实施有效控制；(3) 收入的金额能够可靠地计量；(4) 相关的经济利益很可能流入企业；(5) 相关的已发生或将发生的成本能够可靠地计量。

上述条件中，相关的经济利益很可能流入企业，是指销售商品价款收回的可能性大于不能收回的可能性，即销售商品价款收回的可能性超过 50%。企业在确定销售商品价款收回的可能性时，应当结合以前和买方交往的直接经验、政府有关政策、其他方面取得信息等因素进行分析。企业销售的商品符合合同或协议要求，已将发票账单交付买方，买方承诺付款，通常表明满足本确认条件（相关的经济利益很可能流入企业）。如果企业根据以前与买方交往的直接经验判断买方信誉较差，或销售时得知买方在另一项交易中发生了巨额亏损，资金周转十分困难，或在出口商品时不能肯定进口企业所在国政府是否允许将款项汇出等，就可能会出现与销售商品相关的经济利益不能流入企业的情况，不应确认收入。

3. 核心收益与非经常性损益

核心收益也称持续性收益，是指企业日常的营业活动所带来的收益，具有持续性和可预期性的特点。与核心收益相对应的是非核心收益、非持续性收益、非经常性损益。非经常性损益是指与公司正常经营业务无直接关系，以及虽与正常经营业务相关，但由于其性质特殊和偶发性，影响报表使用人对公司经营业绩和盈利能力做出正常判断的各项交易和事项产生的损益。

理论上而言，企业的利润表应该包含两个部分，一是持续性利润（营业利润），二是非持续性利润（非营业利润）。我国上市公司的利润表采用的是通用格式的利润表，并且我国的会计准则与西方会计准则不同，在准则、指南、解释之外，单独增加了附录"会计科目和主要账务处理"，成为企业编制会计分录、登记账簿、编制报表的主要依据，会计准则的刚性更强。但是，由于"会计科目和主要账务处理"过于规则化，导致一些会计科目反映的内容并不能体现利润表"持续性利润+偶发利润"的基本要求，如投资收益、资产减值损失等等，从而一定程度影响了信息使用者的决策有用性。证监会关于非经常性损益的披露要求较好的解决了这一问题。

（二）制度背景

1. 政府补助

政府补助是指企业从政府无偿取得货币性资产或非货币性资产。为了体现一个国家的经济政策，鼓励或扶持特定行业、地区或领域的发展，世界上很多国家，包括市场经济国家的政府通常会对有关企业予以经济支持，如无偿拨款、担保、注入资本、提供货物或者服务、购买货物、放弃或者不收缴应收收入等，这是国际上通行的做法。随着我国社会主义市场经济的发展和完善，履行世界贸易组织（WTO）协定有关承诺，政府对企业的经济支持主要集中在关系国计民生的农业、环境保护以及科学技术研究等领域。比如，对粮、棉、油等生产或储备企业给予的定额补助，这些生活必需品涉及千家万户，其价格往往不能随行就市，售价低于成本造成的损失需要由政府来弥补。又如，为了环境保护，政府对符合条件的企业实行增值税先征后返政策，返还的税款专项用于环保支出。

政府补助的形式主要有财政拨款、财政贴息、税收返还和无偿划拨非货币性资产等。在实际工作中，从上市公司发布的公告和媒体披露的信息来看，不同区域、不同行业的中国企业获得的政府补助形式纷繁复杂，如高新技术补贴、炼油补贴、生猪屠宰补贴、无公害化处理补贴、进口设备补贴等等。

按照现行会计准则的要求，企业获得的政府补助可能直接计入当期损益，也可能作为递延收益处理，以后分期计入损益。企业获得政府补助增加了企业的利润。但是，多数情况下，这些政府补助都不能被视为可以持续获得的。因此，企业获得的政府补助通常都是一种"非经常性损益"。

2. 政治关系

对于企业的政治关系，学术界至今没有趋于一致的定义。一般认为，政治关系是指企业与政府之间存在的显性或隐性的密切联系，这种联系可以为企业带来潜在或现实的利益影响，在市场化程度低、法制不健全、政府干预力度大的转型国家或地区尤其强烈。

实务中政治关系的度量主要以企业高层或股东与政府之间存在的社会联系为主，国外研究通常以企业高管或股东现在或过去是否是政府官员及所占比例来衡量企业有无政治关系及其强度，国内研究一般以企业高管是否曾任或现任政府官员、人大代表或政协委员来衡量企业是否具有政治关系。

研究表明，企业的政治关系可以给企业高管和企业带来显性或隐性的收益。对于企业而言，其拥有的政治关系是一种社会资本，可以为其融资、税收中带来便利，甚至提升企业的经营绩效和企业价值。而对于企业高管人员而言（尤其是民营企业），人大代表、政协委员的称号可以成为其个人声誉提升的重要光环，也可能是以后进一步政治升迁的重要资本。

（三）行业背景

2012 年，我国重型机械行业增速较大幅度下降。重型机械产品大多与固定资产投资相关联，随着国际金融危机特别是欧债危机的影响，国际市场萎缩，国内经济形式增长放缓，固定资产投资规模缩紧，行业整体市场空间缩小，特别是我国钢铁工业生产能力严重过剩，为冶金工业服务的大型企业出现销售、利润大幅下滑的趋势，产业结构调整难度非常大，高端制造领域由于前期的研发投入不足，技术储备不够，跟不上国内外市场的变化，发展的势头不够强劲，将影响大型企业产业结构调整和发展。行业传统服务领域的冶金、有色、建材、电力等行业需求出现严重萎缩，行业内投资明显回落，新建和技改项目亦明显减少。

因此，2012 年国内重型机械行业在整体经济下滑的背景下，需求下降，竞争激烈，产品价格也导致下降，几大龙头企业前三季度利润增速均有不同程度的放慢。重型机械行业 2012 年的财务数据显示，2012 年该行业的龙头企业也不同程度的处于不利局面，具体数据如表 6-6 所示：

表 6-6　　　　　2012 年重型机械行业财务业绩增长情况　　　　单位：人民币万元

公司名称	收入			净利润		
	2012	2011	增长率	2012	2011	增长率
SY	4 683 050	5 077 630	-7.77%	601 068	936 156	-35.79%
中联重科	4 807 120	4 632 260	3.77%	752 896	817 334	-7.88%

续表

公司名称	收入			净利润		
	2012	2011	增长率	2012	2011	增长率
徐工机械	3 213 240	3 297 110	-2.54%	246 578	337 860	-27.02%
振华重工	1 825 520	1 912 930	-4.57%	-109 906	2 966	-3 805.53%
中国一重	831 852	874 920	-4.92%	2 654	43 243	-93.86%
太原重工	936 008	1 032 600	-9.35%	-33 150	39 038	-184.92%

数据来源：作者根据上述上市公司的财务报告整理所得。

由表6-6可以看出，规模排名前列的行业龙头企业在2012年的财务业绩均出现了不同程度的下滑。从收入来看，太原重工较2011年下滑9.35%，其次就是SY，下滑7.77%，唯有中联重科仅仅实现了3.77%的增长。从净利润来看，振华重工发生了10亿多元的亏损，较2011年下滑3 805.53%，即使是情况最好的中联重科，在收入增长3.77%的情况下，净利润也下滑了7.88%。

（四）案例分析要点/解决问题的可选方案与评价

1. 你认为SY在2012年变更坏账准备计提比例的原因是什么？变更理由是否充分合理？

方案1：变更原因是为了增强会计信息的可比性，提高会计信息质量，变更理由充分合理。

方案1的理由：

实务中选择确定坏账准备计提比例时，一是可以参照同行的水平来确定，二是根据企业历史的水平来确定。在判断企业的坏账计提比例是否恰当时，通常无法确知企业的实际情况，因此参考同行水平成为了通行的做法，如果与同行一致，则被认为可比、可靠。通过与其主要竞争对手ZL的坏账计提比例比较，SY在2012年调整后的坏账计提比例与其主要竞争对手ZL完全一致，因此其坏账计提比例变更理由是充分的。

方案2：变更目的是为了增厚利润，变更理由不够充分。

方案2的理由：

SY会计估计变更导致了其利润的增厚。对于变更目的，结合公司当年度可能相关的重大事件来看，其背后可能存在以下目的：(1) 企业高管的政治利益诉求。2012年度，SY董事长L先生正谋求政治晋升，即进入中共中央委员会。而企业家政治身份的取得和政治关系的成功建立，离不开公司良好业绩的支撑，会计估计的变更有利于SY业绩的改善。(2) 行业竞争下的业绩追逐。SY和ZL一直都是业内的"领头羊"，也是竞争者。SY为了维护自己行业领先者的地位，取得市场和外界持续地认同，就需要通过变更会计估计等手段来呈现良好业绩。
(3) SY 重机的上市承诺。SY 重机资产注入 SY 时，公司业绩承诺公告确保业绩增加。变更坏账准备计提比例有助于 SY 实现业绩承诺，维护公司声誉。

因此，SY 变更会计估计的目的是为了增厚业绩，从而实现其背后着更多深层次的动机。

2. 如何看待 SY 连续多年获取的巨额政府补助？

方案 1：巨额政府补助是由于其产品经营符合国家的补助政策，合情合理。

方案 1 的理由：

世界上很多国家为鼓励或扶持特定行业、地区或领域的发展，通常会对有关企业予以经济支持。SY 获得的政府补助主要包括财政补贴及税收返还、新产品研发补贴和其他。作为一家机械制造企业，SY 拥有众多行业领先技术和设备，这些都需要大量的研发资金予以支持。国家为支持高新技术的研发、扶持工程机械制造业，提高其行业和国际竞争能力，对企业（SY）给予税收优惠、财政和研发补贴，符合国家的补助政策。因而是合情合理的。

方案 2：SY 的政府补助获取主要依靠的是其与政府的关系，且对其盈余管理起到了支持作用。

方案 2 的理由：

据国内外学者的研究，公司的政治关系影响着企业的价值和资源获取，并有利于企业改善经营业绩。特别是在我国，政治关系对政府资源的获取举足轻重。SY 作为一家民营企业，10% 员工为党员，党员达到 5 000 多人。而其董事长 L 先生是中共十七大、十八大代表，第八、九、十届全国人大代表，政治关系十分显著。与政府关系密切的 SY 持续获取了巨额的政府补助，相比之下，其主要竞争对手 ZL 所获取的政府补助极少。巨额的政府补助有效改善了其经营业绩，成为其利润的主要贡献点之一，对其盈余管理起到了很好的支持作用。

3. 你认为 SY 的销售收入确认政策是否合理？

方案 1：SY 的销售收入确认政策是合理的。

方案 1 的理由：

SY 在销售商品时已将商品所有权上的主要风险和报酬转移给购货方；没有保留通常与所有权相联系的继续管理权，也没有对已售出的商品实施有效控制；收入的金额能够可靠地计量；相关的经济利益很可能流入企业；相关的已发生或将发生的成本能够可靠地计量，这些都符合收入的确认原则。因而，SY 的销售收入确认政策是合理的。

方案 2：SY 的销售收入确认政策是不合理的。

方案 2 的理由：

作为大型的工程机械销售商，SY的销售模式与销售收入的确认与普通企业有着较大区别。SY的客户可以以购买的工程机械作抵押，向银行办理按揭。因为SY公司负有向金融机构回购剩余按揭贷款的义务，当客户无力付款时，SY负有向银行还款的义务，所以相关的经济利益不一定流入企业，企业经济利益的流入缺乏保证，企业仍然存在风险。因此，SY的销售收入确认政策是不合理的。

4. 民营企业盈余管理的动机有哪些？SY可能的盈余管理动机是什么？

方案1：民营企业盈余管理的动机主要有业绩提升、融资、避税等动机。

方案1的理由：

在实务中，业绩提升、融资、避税等动机是民营企业盈余管理的主要动机。企业业绩是投资者评价企业经营好坏的重要指标，同时，它也与管理层报酬息息相关。民营企业为维护自身形象，稳定股价，获得市场和消费者的认可，需要展现出良好的业绩提升能力。相对于国企，民营企业融资相对困难。企业为达到上市和融资所规定的条件，也会进行盈余管理。民营企业为减少税负，大多表现为虚减利润，进行盈余管理以达到避税目的。因此，民营企业盈余管理的动机主要有业绩提升、融资、避税等动机。

方案2：民营企业的高管个人声誉动机在特定背景下更为强烈。

方案2的理由：

除了业绩提升、融资、避税等动机，民营企业的高管个人声誉动机在某一时期可能会直接影响企业进行盈余管理。高管要保持良好的个人声誉，获得政党和政府的认可，就需要良好的经营业绩作支撑。2012年，SY董事长L先生被盛传将进入中共十八届中央委员会，同阶段，SY业绩的季度分布特征与董事长L先生的个人政治声誉表现出极高的契合性。当外界一致看好其将进入中共十八届中央委员会的1—3季度，公司财务业绩呈向上发展趋势。三季度末结果渐趋明朗，第四季度落选结果公布时，公司财务业绩急剧下滑，具有明显的盈余管理倾向。因而，企业的高管个人声誉动机在特定背景下更为强烈。

5. 结合本案例的资料，概括分析SY在2012年所采用的盈余管理方法。

方案1：SY在2012年采用了向上的盈余管理。

方案1的理由：

从公司的营业收入和净利润来看，SY在2012年1—3季度采用了向上的盈余管理方式：公司在一、二季度金额较高，收入增长迅速。2012年，SY通过变更坏账准备计提比例、改变收入确认模式等方式，增加了可归属于公司股东的净利润。这些措施有利于增厚业绩。

方案2：SY在2012年采用了向下的盈余管理。

方案2的理由：

从公司的营业收入和净利润来看,SY 在 2012 年三季度末以及第四季度采用了向下的盈余管理方式。公司收入第三季度发生了较大下滑,第四季度收入相比以前季度急剧减少,甚至发生了亏损。为了减少之前季度持续调增利润对下一年度的业绩压力,且此时为高管个人声誉盈余管理的动机已经消失,SY 采取了向下的盈余管理,并表现为营业收入和净利润的下降。

方案 3:SY 在 2012 年采用了分季度的不同盈余管理方式。

方案 3 的理由:

在 2012 年,SY 采用了分季度的不同盈余管理方式。这表现在:SY 在 2012 年中整体盈利 60.11 亿元,前三个季度均实现了盈利,第四季度亏损 1.98 亿元;公司的营业收入和净利润在一、二季度金额较高,收入增长迅速,但第三季度却发生了较大下滑,第四季度收入尚不足第一季度的一半水平,第四季度甚至发生了亏损。1-3 季度为高管个人声誉动机采取变更会计估计和收入确认模式等手段调增业绩,当此动机消失且为减少之后的业绩压力,调减了业绩。

第二节 ESOP 与盈余管理:KZ 案例分析

一、案例资料

2014 年 6 月,中国证监会制定并发布《关于上市公司实施员工持股计划试点的指导意见》,在上市公司中开展员工持股计划(Employee Stock Ownership Plans,简称 ESOP)试点。之后,中国股市的新一轮牛市也慢慢拉开序幕,上百家上市公司陆续发布实施了 ESOP,KZ 股份公司亦属于其中之一。然而,该公司在实施 ESOP 前的业绩突降却受到了投资者的强烈质疑。

(一)背景信息

1. 儿童药的成长先锋:KZ

KZ 股份有限公司创建于 1994 年。2007 年改制为 KZ 股份有限公司,2010 年 5 月公司在深圳证券交易所创业板成功挂牌上市,是 H 省首家创业板上市的制药企业。

KZ 是目前国内唯一一家以儿童药为主业的上市公司。公司主要从事儿童药的研发、生产与销售业务,是国家火炬计划重点高新科技企业,并率先成立了以儿童药为主要研究方向的国家级企业博士后科研工作站。

KZ 秉承"诚善行药、福泽人类"的企业宗旨,奉行"做医药精品,做专业市场"的经营策略,积极践行"儿童大健康战略"和"精品战略",在儿童用药领域迅速成长,成为儿童药生产领域领军企业。公司先后获得"中国十大最具成长力企业""福布斯最具潜力企业"、ABAS"亚洲品牌500强"等殊荣。

KZ深耕儿童用药市场多年,形成了完善的产品格局,拥有以"KZ"为主品牌的儿童药品集群,推出了以"瑞芝清""度来林""金立爽"等为代表的独具KZ特色的明星产品。经过多年发展,KZ逐步成为中国儿童药领域家喻户晓的知名品牌,"KZ"品牌亦获评为"中国驰名商标"。未来,KZ业务布局将涵盖儿童药品、保健品、食品、医疗器械,及其他与儿童相关的高端健康产品和健康服务。

目前,KZ拥有海南、北京、河北、沈阳、广东五大生产基地,并已在广东中山筹备建设新的生产基地。公司先后从瑞士、德国、美国、日本等国家引进了先进的检测设备与技术,拥有亚洲产能最大、自动化程度最高的颗粒生产线。公司重视儿童药研发,拥有一流的研发设备和人才,累计投入研发资金数亿元。

多年来,KZ奉行"厂商结盟、合作共赢"的经营理念,与广大代理商一起创建了"深度营销"加"学术推广"的"KZ模式",成为中国儿童药领域分销能力最强,终端覆盖面最广的企业之一。目前公司在国内拥有1 000多个代理商,超过4万个销售终端,并拥有一支富有专业精神、实战经验丰富的营销团队,营销网络覆盖全国。

KZ2014年末的股权结构情况(前十名股东)如表6-7所示①。表6-7显示,KZ大股东为HNHS投资有限公司,持股比例为50.86%,处于绝对控股地位。公司实际控制人为H先生(公司董事长、总裁)②。

表6-7 KZ股权结构表(前十名股东)

股东名称	股东性质	持股总数(股)	持股比例
HNHS投资有限公司	境内非国有法人	152 569 000	50.86%
C女士	境内自然人	7 243 160	2.41%
华宝信托有限责任公司-时节好雨25号集合资金信托	其他	6 000 000	2.00%
H先生	境内自然人	4 364 260	1.45%
云南国际信托有限公司-睿金-汇赢通19号单一资金信托	其他	4 000 000	1.33%
华宝信托有限责任公司-宝晟好雨1号集合资金信托	其他	4 000 000	1.33%

---

① 本文研究目的是发现KZ药业2015年5月份推出员工持股计划前后的盈余管理,因此文中数据以2014年报和2015一季度报告为主。

② 表6-7中,股东C女士与S先生为母子关系,股东S先生同时是控股股东HNHS公司投资的股东。

续表

股东名称	股东性质	持股总数（股）	持股比例
中国建设银行股份有限公司-鹏华医疗保健股票型证券投资基金	其他	3 350 970	1.12%
东海证券-交行-东风5号集合资产管理计划	其他	2 143 340	0.71%
云南国际信托有限公司-云信成长2013-5号集合资金信托计划	其他	2 002 060	0.67%
云南国际信托有限公司-汇赢通18号单一资金信托	其他	2 000 000	0.67%

2. 业绩变脸，股价突降

2014年，对于医药行业而言，是调整、挑战与机遇并存的一年。行业相关政策的变化趋势清晰化，如拟药价放开、拟放开互联网售药、推进医疗市场化改革等，让看似传统的医药行业充满朝气与生机；同时，医药企业面临的诸多挑战更为凸显：外部面临医保控费、药品降价的压力，内部面临药企之间日益剧烈的市场竞争压力等等。2014年，医药行业产值增速下降至13%左右，而以往年均为20%以上的高速增长，面对医药经济下行的压力，报告期内，KZ积极实施营销变革、调整研发项目结构、完善财务管理、推动内控体系建设、提升运营效率，实现了全年净利润水平比去年同期较良好地增长。

2015年4月21日，KZ对外公布了其2014年报，实现年度营业收入40 854万元，比去年同期增长32.07%；实现营业利润6 918万元，比去年同期增长176.89%；利润总额为7 898万元，比去年同期增长169.84%；归属于上市公司股东的净利润为5 908万元，比去年同期增长297.78%。年报公布之后，公司股价扶摇直上，从21日的24.7元/股涨至27日的25.95元/股（最高为25日的27.42元/股）。

然而，6天之后，KZ于2015年4月27日下午发布2015年第一季度报告：年初至该报告期末，KZ实现营业收入4 562万元，比去年同期减少49.23%；实现营业利润-849万元，比去年同期减少163.96%；利润总额为-818万元，比2014年同期减少158.47%；归属于上市公司股东的净利润为-679万元，比去年同期减少167.45%。次日，公司股价暴跌7.98%，盘中几近跌停，当日收盘价为23.88元/股。

对于突如其来的利润下滑和亏损，KZ将其变动的主要原因归结为：（1）2015年第一季度销售收入同比降幅较大，销售量不达预期，订单减少所致；（2）2015年第一季度公司管理费用有小幅增长。

（二）案例概况

1. 公布与实施ESOP方案

员工持股计划属于一种特殊的报酬计划，是指为了吸引、保留和激励公司员工，通过让员工持有股票，使员工享有剩余索取权的利益分享机制和拥有经营决策权的参与机制。

2015年2月12日，KZ发布公告推出第一期员工持股计划，并委托江海证券设立"江海证券——KZ1号定向资产管理计划"进行管理，计划通过二级市场购买等法律法规许可的方式取得并持有公司股票。本次员工持股计划参加人员总数不超过180人，其中参与的董事、监事和高管人员共计8人，涉及股票数量不超过522.50万股，约占公司现有股本总额的1.74%。

KZ员工持股计划有两个时间点：首先是二级市场购买股票的时间点，即6个月之内8月11日前"江海证券——KZ1号定向资产管理计划"必须完成股票购买；其次是锁定期为12个月，存续期为24个月。锁定期结束之后，员工持股计划可以提前结束；存续期限届满的，员工持股计划可展期。

2015年5月5日，KZ员工持股计划管理人江海证券通过定向大宗交易即从其控股股东HNHS买入股票，购买价22.58元/股（价格为前一日收盘价的九折计算），购买267.5万股，占公司总股本的比例为0.89%。第一期员工持股计划成功实行。

2. ESOP前的财务数据变化

（1）利润变化

本文将KZ2015年第一季度的净利润与医药行业上市公司的净利润均值进行了比较①。KZ2015年第一季度利润变化分析如表6-8所示。

表6-8　　　　　　　　KZ2015年第一季度利润变化　　　　　　　　单位：万元

项目	公司	2014年1季度	2014年4季度	2015年1季度	环比增加	同比增加
净利润	KZ	899	2 322	-886	-138.16%	-198.55%
	行业均值	12 112	10 834	14 382	32.75%	18.74%

表6-8显示，KZ2015年第一季度净利润远远低于行业均值，甚至出现亏损。从医药行业来看，无论是环比还是同比数据，都显示出增长状态。然而，KZ与上期相比较，2015年第一季度的净利润环比下降138.16%，而与上年同期比较则同比下降了198.55%。

（2）销售变化

我们将KZ的销售数据做了进一步的统计，相关结果如表6-9所示。

---

① 相关数据来自CSMAR数据库。

表6-9　　　　　　　　　KZ2015年第一季度销售变化　　　　　　　　　单位：万元

相关销售数据	2014年1季度	2014年4季度	2015年1季度	环比增长	同比增长
营业收入	8 985	12 350	4 562	-63.06%	-49.23%
营业成本	4 802	5 801	2 538	-56.25%	-47.15%
毛利率	46.56%	53.03%	44.37%	-16.33%	-4.70%
预收账款	2 897	1 037	1 778	71.46%	-38.63%
预收占收入比率	32.24%	8.40%	38.97%	363.93%	20.87%

从表6-9可以发现，KZ2015年一季度业绩下滑的主要原因是销售收入和毛利的下降。与上一期及上年同期比较，KZ不仅销售收入锐减（环比下降63.06%，同比下降49.23%），而且毛利率也出现了大幅下滑（环比下降16.33%，同比下降4.70%）。

然而，KZ的预收账款却发生了异于收入的变化。一般而言，如果销售收入下滑、毛利率下降，意味着企业的产品市场竞争力和市场销售下降，在此背景下，同样可以在一定程度上体现企业产品市场竞争力和市场销售力的预收账款也会出现类似的下降变化。从KZ的数据来看，其预收账款不仅没有下降，反而在2015年第一季度暴增71.46%；其预收账款占收入的比例则暴增363.93%。

（3）费用变化

表6-10反映了KZ2015年第一季度的期间费用变化情况。

表6-10　　　　　　　　　KZ2015第一季度费用变化　　　　　　　　　单位：万元

费用内容	2014年1季度	2014年4季度	2015年1季度	环比增长	同比增长
期间费用	2 771	4 090	3 173	-22.42%	14.51%
管理费用	2 503	3 112	2 749	-11.66%	9.83%
营业收入	8 985	12 350	4 562	-63.06%	-49.23%
期间费用率	30.84%	33.12%	69.55%	109.99%	125.52%
管理费用率	27.86%	25.20%	60.26%	139.13%	116.30%

"交易观"认为，企业的利润是收入和费用配比的结果，企业实现收入，必然要发生费用，而企业发生费用的目的就是产生收入。通常而言，企业的期间费用会同当期收入之间保持相对稳定的联系。

从表6-10来看，企业的总体期间费用和管理费用的绝对数值与上期以及上年同期比较，并无一致的变化趋势，其主要原因是收入也发生了巨大变化。与企业所实现的收入相比较之后，KZ在2015年第一季度的期间费用率（期间费用÷

营业收入×100%）和管理费用率（管理费用÷营业收入×100%）却发生了惊人的变化：KZ 的期间费用率环比增长（与上期相比）109.99%，同比增长（与上年同期相比）125.52%；管理费用率环比增长（与上期相比）139.13%，同比增长（与上年同期相比）116.30%。

3. ESOP 前后的操控性应计利润变化

琼斯模型是盈余管理实证研究中最常用的模型，其所生成的结果在分析、评价企业盈余管理行为与盈余管理程度中具有公认度高、客观性强的特点，本文采用基本的琼斯模型（Jones，1991）对 KZ2014 年后两个季度和 2015 年前两个季度的盈余管理行为进行量化分析，其公式如下：

$$TA_t/A_{t-1} = \alpha_1 (1/A_{t-1}) + \alpha_2 (\Delta REV_t/A_{t-1}) + \alpha_3 (PPE_t/A_{t-1}) + \varepsilon_t$$
（式6-1）

$$NDA_t = \alpha_1 (1/A_{t-1}) + \alpha_2 (\Delta REV_t/A_{t-1}) + \alpha_3 (PPE_t/A_{t-1})$$ （式6-2）

$$DA_t = TA_t/A_{t-1} - NDA_t$$ （式6-3）

上述公式中：

A_{t-1}：目标期间上期末总资产；

ΔREV_t：目标期间与上一期间营业总收入的差额；

PPE_t：目标期间期末固定资产的原值；

TA_t：目标期间营业利润与经营活动现金流量的差额；

NDA_t：目标期间的非操控性应计利润；

DA_t：目标期间的操控性应计利润。

如果企业的操控性应计利润（DA）为正值，其数值越大说明企业利用应计项目进行调增利润的可能性越大；倘若 DA 为负值，其数值越小说明企业利用应计项目进行调减利润的可能性越大。

本文选择的样本是 2014 年第三季度至 2015 年第二季度间我国医药行业 137 家上市公司，模型中计算所需要的财务数据来自 CSMAR 数据库。具体结果和变化趋势如表 6-11 和图 6-3 所示（全部数据见附录 1）。

表 6-11　　　　　　　　KZESOP 前后的操控性应计利润变化

公司名称	2014 三季度 DA（排序）	2014 四季度 DA（排序）	2015 一季度 DA（排序）	2015 二季度 DA（排序）
KZ	-0.0034（70/137）	0.0007（74/137）	-0.0193（29/137）	-0.0045（61/137）
行业最大值	0.0835	0.1856	0.1182	0.1896
行业最小值	-0.0568	-0.1799	-0.0746	-0.0762

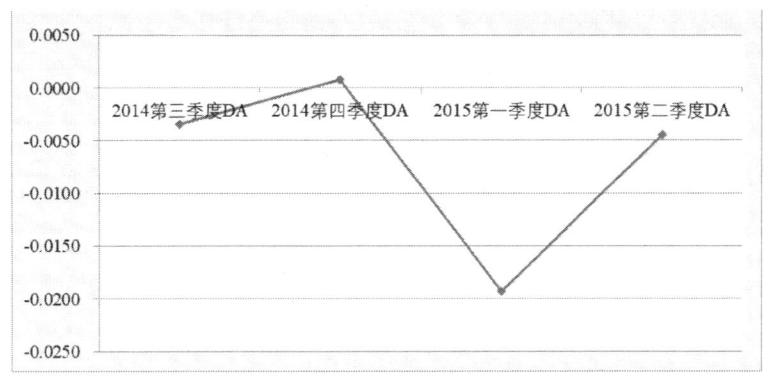

图 6-3　KZ 公司 ESOP 前后操控性应计利润变化趋势

表 6-11 显示，KZ 在 2015 年第一季度的 DA 为负值（-0.0193），数值排序居于全部 137 家样本公司的第 29 位，有较强的负向盈余管理倾向。而在 2014 年第三季度、2014 年第四季度和 2015 年第二季度，KZ 的 DA 值更接近于样本公司的中位数水平（分别排在 137 家公司的第 70、74、和 61 位），盈余管理的程度较弱。

4. ESOP 前的大股东减持

KZ 于 2014 年 10 月披露，大股东 HNHS 计划于 2014 年 10 月 14 日至 2015 年 4 月 13 日减持公司股票不超过 3 000 万股，即不超过总股本的 10%。2015 年 4 月 27 日又披露了于 4 月 30 日至 10 月 29 日减持公司股票不超过 3 000 万股，即不超过总股本的 10%。公司对于大股东减持的回应是"大股东控股比例较高，有其他产业经营，需要一些资金支持"。

KZ 大股东 2015 年 5 月 5 日前共进行了三次减持，具体情况如表 6-12 所示：

表 6-12　KZ 大股东 2015 年上半年三次减持

公告时间	减持股数（万股）	占总股本比率	减持均价（元/股）	套现（万元）
2015 年 3 月 9 日	413	1.38%	17.05	7 041.65
2015 年 5 月 4 日	500	1.67%	22.75	11 375
2015 年 5 月 5 日	267.5	0.89%	22.58	6 040.15
合计	1 180.5	3.94%	20.72	24 456.8

KZ 大股东 2015 年上半年的三次减持，共套现 24 456.8 万元[①]。从 2014 年底新一轮牛市的悄然启动，到 2015 年 6 月 15 日牛市崩盘及股灾的突然降临，这一

---

① 2015 年 5 月 5 日的减持为公司员工持股计划的管理人江海证券有限公司通过定向大宗交易向公司控股股东 HNHS 购买其持有的公司股份。

期间牛市短暂,股价增速迅猛。KZ 大股东恰到好处地选择了减持时机,但也在股市泡沫岌岌可危之际对投资者形成了极大的利空。

5. 股价逆市下跌:天灾还是人祸?

2014 年底,KZ 的股价尚处于 13.11 元/股的低位。2014 年 2 月 12 日发布第一期员工持股计划公告时,股价已涨至 14.85 元/股。2015 年 4 月 9 日发布一季度业绩预告时,股价已经涨至 27.9 元。

2015 年 4 月 27 日下午发布 2015 年第一季度报告:报告期实现营业收入 4 562 万元,比去年同期减少 49.23%;实现营业利润 -849 万元,比去年同期减少 163.96%;利润总额为 -818 万元,比去年同期减少 158.47%;归属于上市公司股东的净利润为 -679 万元,比去年同期减少 167.45%。次日,公司股价暴跌 7.98%,盘中几近跌停,当日收盘价为 23.88 元/股。

2015 年 5 月 4 日,KZ 第一期 ESOP 购买股票完成的前一天,KZ 公告大股东于 4 月 30 日减持股份 500 万股,当日公司股价暴跌。2015 年 5 月 5 日发布第一期 ESOP 完成股票购买公告时,当日股价收盘价跌至 25.67 元/股。

KZ 从发布 2015 第一季度业绩预告至完成第一期 ESOP 期间的股价走势以及创业板和医药板指数的走势如图 6-4 所示。

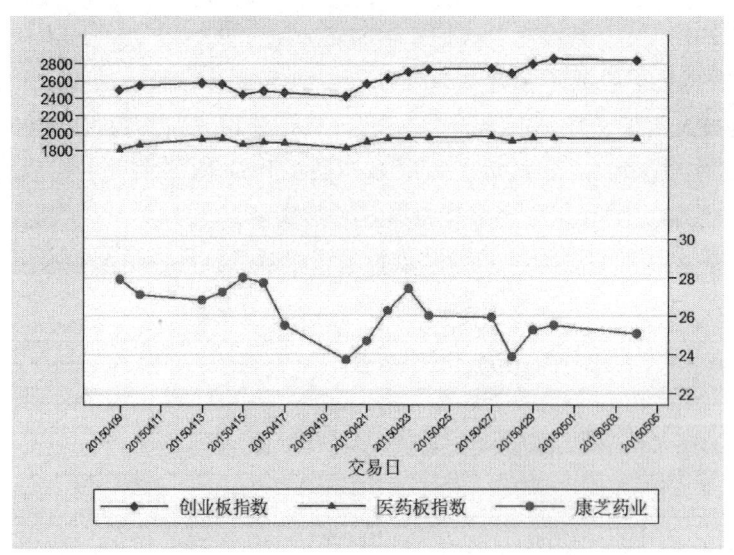

图 6-4　KZ 股价与证券市场的比较

在牛市仍处于疯涨之时,从 2015 年 4 月 9 日(KZ 发布一季度预亏公告)到 5 月 5 日(KZ 第一期 ESOP 完成股票购买公告)之间,无论是 KZ 所属的创业板还是医药板块,股价都实现了增长(创业板指数增长 13.97%,医药板块指数增长 7.35%)。但是,作为儿童药的先锋,KZ 却逆势而行(下降 10.07%)。

面对牛市中 KZ 的股价突降，我们不禁要思考：这是天灾还是人祸？

（三）讨论题目
1. KZ 在 ESOP 实施前的股价变化是否正常？
2. KZ2015 年第一季度的业绩数据是否真实？
3. KZ 大股东在 2015 年发生的减持原因是什么？
4. 你认为 KZ 的 ESOP 是否能为员工带来收益？

二、案例分析

（一）理论背景
1. 员工持股计划

员工持股计划（Employee Stock Ownership Plan，简称 ESOP）是指通过让员工持有本公司股票和期权而使其获得激励的一种长期绩效奖励计划。ESOP 是员工所有权的一种实现形式，也是企业所有者与员工分享企业所有权和未来收益权的一种制度安排。它使员工具备股东和劳动者双层身份，实现员工与企业利益共享与风险共担。按照证监会定义，员工持股计划是指上市公司根据员工意愿，通过合法方式使员工获得本公司股票并长期持有，股份权益按约定分配给员工的制度安排。

员工持股计划的分类有很多：非杠杆型和杠杆型、股票赠予、股票增值权、股票期权计划等。总体来说可分为非杠杆型和杠杆型两大类。

非杠杆型员工持股计划是指由公司每年向该计划贡献一定数额的公司股票或用于购买股票的现金。数额一般为参与者工资总额的 25%，当这种类型的计划与现金购买退休金计划相结合时，贡献的数额比例可达到工资总额的 25%，以自有资金向市场交易者按公平市价购买公司股票。美国、日本、新加坡多采取这种形式。其要点是：（1）由公司每年向该计划提供股票或用于购买股票的现金，员工不需做任何支出。（2）由员工持股信托基金会持有员工的股票，并定期通报股票数额和价值。（3）当员工退休或因故离开公司时，根据一定年限的要求相应取得股票或现金。

杠杆型员工持股计划是通过增发新股或完全买入方式，利用信贷杠杆实现。其具体步骤：第一步，成立、设置或委托一个员工持股信托基金会。第二步，由公司担保、基金会出面，以实行员工持股计划为名向银行或其他人贷款筹资。第三步，通过基金会以公平市价购买公司股票。第四步，购入的股票由基金会掌握，保证贷款的偿还，以基金会所拥有的股份作为贷款偿还抵押物。第五步，用分得的利润及由其他福利计划（如员工养老金计划等）中转来的资金归还银行贷款利息和本金。第六步，按事先确定的比例将股票逐步转入员工账户，贷款还清后股票归员工所有。

2. 财务报告的决策有用性与市场反应

财务报告的决策有用性是当前财务会计的主流观点，它认为财务报告所承载的信息是投资者等会计信息使用者做出决策的主要依据。当企业的财务报告发布时，投资者会针对财务报告做出反应，体现在股票的市场价格和交易量发生显著的变化。Ball 和 Brown 最早通过实证研究检验发现了股票价格对于公司财务报告数字所做出的反应，证实了股票价格反映财务数据、随财务报告发布而产生变化。Ball 和 Brown 的研究开创了事件研究的先河，越来越多的研究人员开始研究不同背景、不同特点的企业在财务报告对外公告前后的市场反应。而且，这类事件研究已经拓展到财务报告数据之外的其他领域中，如公司兼并重组公告、债券发行公告、股利发放公告、大股东增持或减持公告等。

3. 盈余管理的资本市场动机

源于资本市场动机的盈余管理可以分为两类：一类是为了迎合监管指标以实现资本市场特定功能，另一类是为影响企业的股票价格。

第一类动机之所以会存在，主要是因为我国证券市场监管部门对 IPO、配股增发、退市预警、退市等制定了一系列监管指标，而这些监管主要是基于净利润、净资产收益率等会计业绩指标。因此，部分盈利能力较差的上市公司为了在资本市场上实现上市、增发、保壳等目的不得不进行各类盈余管理，以此来满足资本市场的监管要求。具体表现在，上市公司增加利润之盈余管理可以用于避免发生亏损或避免持续亏损而最终导致股票被暂停上市（停牌）乃至终止上市（摘牌）或为保配股资格，而减少利润的巨额冲销行为表面是导致当期巨额亏损，但实则有助于下一期迅速恢复公司盈利，从而可以保牌。

而第二类动机是最广泛、最普遍存在的资本市场动机。众所周知，投资者和财务分析师等在决定股票买卖、对股票进行定价的过程中会广泛地使用财务报告信息，从而导致管理当局有操纵会计盈余信息来影响股票短期价格的动机。是否达到盈余目标会对企业的股价产生重要影响，达到盈利目标时公司能获得较高预期利益，而没有达到盈利预期目标的公司股价将可能会有较大下跌。而股价的高低对公司、管理层及其股东有着重大影响，虽然股价的波动不会直接影响到公司的经营，但却会对再融资、借款、投资者意愿等产生影响，进而影响上市公司本身。当利润增长等主要盈利目标无法实现时，为最大程度减少股票价格的下跌，管理层有较强的动机进行盈余管理。

在股市中，也有可能为了特定目的而进行向下的盈余管理，做低利润，降低股价。例如，ESOP 前降低利润、压低股价，从而降低股票购买成本。

(二) 制度背景

十八届三中全会指出,允许混合所有制经济实行企业员工持股,形成资本所有者和劳动者利益共同体。2014年5月份,国务院发布的《关于进一步促进资本市场健康发展的若干意见》提出"完善上市公司股权激励制度,允许上市公司按规定通过多种形式开展员工持股计划"。2014年6月20日,证监会又发布《关于上市公司实施员工持股计划试点的指导意见》(以下简称《指导意见》),决定在上市公司中开展员工持股计划试点。

实施员工持股计划,是企业鼓励其员工持有本公司股票的一种有效方式。《指导意见》明确,上市公司可以根据员工意愿实施员工持股计划,通过合法方式使员工获得本公司股票并长期持有,股份权益按约定分配给员工。实施员工持股计划,相关资金可以来自员工薪酬或以其他合法方式筹集,所需本公司股票可以来自上市公司回购、直接从二级市场购买、认购非公开发行股票、公司股东自愿赠与等合法方式。《指导意见》还就员工持股计划的实施程序、管理模式、信息披露及内幕交易防控等问题作出规定。

中国证监会新闻发言人张晓军指出,在上市公司中推进员工持股计划试点,有利于建立和完善劳动者与所有者的利益共享机制,改善公司治理水平,提高职工凝聚力和公司竞争力。

(三) 行业背景

2014年,对于医药行业而言,是调整、挑战与机遇并存的一年。行业相关政策的变化趋势清晰化,如拟药价放开、拟放开互联网售药、推进医疗市场化改革等,让看似传统的医药行业充满朝气与生机;同时,医药企业面临的诸多挑战更为凸显:外部面临医保控费、药品降价的压力,内部面临药企之间日益剧烈的市场竞争压力等等。2014年,医药行业产值增速下降至13%左右,而以往年均为20%以上的高速增长。

2015年作为十二五规划的收官之年,医药产业进入深度调整与转型期,各项影响颇为深远的重磅政策密集出台,以药品采购、药价放开、分级诊疗、医保控费、药品注册审评、公立医院改革等为重点的医改工作更加深化,兼受宏观经济形势影响,医药行业整体增速持续放缓。

本文案例概况中数据统计显示,医药行业上市公司在2014年第四季度和2015年第一季度分别平均实现净利润10 834万元和14 382万元,仍处于盈利和缓慢增长状态。

（四）案例分析要点/解决问题的可选方案与评价

1. KZ 在 ESOP 实施前的股价变化是否正常？

方案1：正常。

方案1的理由：

影响股价的因素众多，公司股价发生变化是正常的。股价的走向受到很多因素影响，如国内生产总值、社会固定资产投资、通胀水平、汇率、财政政策和货币政策等宏观因素影响，企业自身资产规模、盈利能力、成长能力、现金流量、股权结构、高管变更、媒体报道、产品安全、投资者特质等微观因素影响，随着交易的进行，股价会不断发生涨跌变化。对于 KZ 而言，尽管在 2015 年 4 月初发布业绩预亏公告至 2015 年 5 月 5 日完成第一期 ESOP 股票购买期间，公司股价发生了下降，但这并不意味着该公司的股价下降就是不正常的。

方案2：不正常。

方案2的理由：

（1）KZ 在 2015 年 5 月 5 日实施第一期 ESOP，有打压股价降低股票购买成本的动机。

（2）在 2015 年 4 月初发布业绩预亏公告至 2015 年 5 月 5 日完成第一期 ESOP 股票购买期间，无论是创业板指数还是医药板块指数，都处于增长状态，KZ 在大牛市背景下的股价逆市下降是异常的。

（3）KZ 极有可能是通过 2015 第一季度报告的业绩变脸和 2015 年 5 月 4 日公告的大股东大幅减持故意打压股价，降低 ESOP 购买股票成本。而且，在岌岌可危的牛市泡沫时期，2015 年 5 月 4 日公告的大股东大幅减持可以起到既实现套现，又释放利空打压股价的"一箭双雕"效果。

2. KZ2015 年第一季度的业绩数据是否真实？

方案1：真实。

方案1的理由：

2015 年作为十二五规划的收官之年，医药产业进入深度调整与转型期，医药行业整体增速持续放缓。在同行竞争不断增强的背景下，KZ 收入下滑、发生亏损是正常的。判断上市公司财务数据是否真实，主要依靠审计机构和监管机构，但是，并无审计证据或监管机构对 KZ 的财务报告真实性提出质疑。

方案2：不真实。

方案2的理由：

（1）KZ 有向下盈余管理的动机。在 2015 年 5 月 5 日实施第一期 ESOP，有利用 2015 第一季度财务报告数字打压股价、降低股票购买成本的动机。

(2) KZ2015 年第一季度的净利润变化异于同行。医药全行业整体都是盈利的，且在增长，而 KZ 则环比下降 138.16%，同比下降 198.55%，与同行形成了极大反差。

(3) KZ2015 年第一季度的销售相关数据变化异常。KZ2015 年一季度不仅销售收入锐减（环比下降 63.06%，同比下降 49.23%），而且毛利率也出现了大幅下滑（环比下降 16.33%，同比下降 4.70%）。与此同时，其预收账款不仅没有下降，反而在 2015 年第一季度暴增 71.46%；其预收账款占收入的比例则暴增 363.93%。KZ 存在极大的压低收入的操控可能。

(4) KZ2015 年第一季度的费用相关数据变化异常。通常而言，企业的期间费用会同当期收入之间保持相对稳定的联系。KZ 在 2015 年第一季度的期间费用率环比增长（与上期相比）109.99%，同比增长（与上年同期相比）125.52%；管理费用率环比增长（与上期相比）139.13%，同比增长（与上年同期相比）116.30%。在销售急剧下滑的背景下，费用却出现暴增的异常现象，这也符合"真实盈余管理"中操控费用型盈余管理的推论。

(5) KZ2015 年第一季度的操控性应计利润（DA）变化异常。KZ 在 2015 年第一季度的 DA 为负值（-0.0193），数值排序居于全部 137 家样本公司的第 29 位，有较强的负向盈余管理倾向。而在 2014 年第三季度、2014 年第四季度和 2015 年第二季度，KZ 的 DA 值更接近于样本公司的中位数水平（分别排在 137 家公司的第 70、74、和 61 位），这更可能是其 DA 的真实写照。琼斯模型的结果表明，KZ 在 2015 年第一季度有明显的向下盈余管理痕迹。

3. KZ 大股东在 2015 年 5 月份发生的减持原因是什么？

方案 1：大股东的其他产业经营需要资金支持。

方案 1 的理由：

股东的资金是为了获取投资收益，如果有更好的投资渠道，那么 KZ 的大股东将所持股票出售并将获取的资金用于其他产业的经营，这也是正常的。

方案 2：大股东套现和制造利空打压股价。

方案 2 的理由：

(1) 面对股价泡沫岌岌可危的 A 股疯牛市场，KZ 大股东采取在股价相对高位的水平上套现的方法是可以理解的。

(2) 大股东减持通常会被市场解读为大股东的不自信，从而形成个股的利空，会导致股票抛售和股价下跌。因此，为了获取 ESOP 股票购买的低成本，KZ 大股东很可能通过减持股票制造利空来打压股价。而且，此时的大股东减持可以起到既实现套现、又释放利空打压股价的"一箭双雕"效果。

4. 你认为 KZ 的 ESOP 是否能为员工带来收益？

方案1：可以带来收益。

方案1的理由：

通过长期的 ESOP 管理，KZ 的 ESOP 方案能够激励员工努力工作，提升企业绩效，公司股价上升，员工可以获取收益。

方案2：不能带来收益。

方案2的理由：

KZ 的 ESOP 在多年不遇的牛市高点实施，在后期很难获得股价上涨带来的收益。

方案3：是否带来收益是不确定的。

方案3的理由：

股价是不确定的，KZ 后期可能股价很难超过 ESOP 实施时的价格，也有可能由于企业的优异表现或其他影响股价的原因导致后期股价上涨实现收益。

第三节　港股通与盈余管理：HN 案例分析

一、案例资料

2015 年，HN 从未离开过舆论的焦点：从早前备受追捧的明星港股到 5 月 20 日的股价腰斩暴跌，再到 7 月被调出"港股通"，成为首个因香港证监会勒令停牌而被剔除的个股……HN 暴跌前的惊人市值和丰厚业绩是其实力的体现，还是操纵的结果？这个曾经的光伏明星背后究竟发生了什么？需要我们对其进行深入分析。

（一）背景信息

1. 公司基本情况

（1）公司背景

HN 公司是一家在香港交易所上市的高科技能源企业。公司控股股东为 HN 控股集团。公司成立于 1994 年，总部设在北京。

（2）发展历程

目前的 HN 是从"HF 集团——BY 太阳能——HN 太阳能——HN 薄膜发电"的演进发展而来。1996 年 1 月，HF 集团有限公司在香港上市。2009 年 10 月，HF 集团有限公司换股收购薄膜太阳能组件设备供应商 Apollo 集团，上市公司更名为 BY 太阳能技术控股有限公司。2011 年，上市公司与 HN 订立 180 亿股的认购协议，2013 年 2 月 27 日，HN 获得 82.65 亿股，正式控股上市公司。2013 年 1 月 BY 太阳能更名为 HN 太阳能，2014 年 10 月，公司更名为 HN 薄膜发电集团。

(3) 主要业务

HN 薄膜发电集团有限公司主要从事制造硅基薄膜发电组件制造用设备及整线生产线、铜铟镓硒薄膜发电整线生产线技术开发及生产、建造薄膜发电地面电站和屋顶电站以供销售,以及开发、运营下游薄膜发电项目及应用产品。HN 薄膜发电集团已先后与宜家、特斯拉、国际汽联电动方程式世锦赛、阿斯顿马丁、美丽家园等不同领域的企业跨界合作,也将薄膜发电技术用于个人层面的产品作为另一重要发展方向。

2. 公司经营与财务概况

(1) HN 近年主要财务数据分析,见表 6-13。

表 6-13　　　　　　　　HN2012—2014 年主要财务数据　　　　　单位:千港元

项目	2012	2013	2014
营业收入	2 756 463	3 274 425	9 615 028
营业成本	789 504	608 784	4 110 380
毛利	1 966 959	2 665 641	5 504 648
毛利率	71.36%	81.41%	57.25%
净利润	1 320 431	2 246 081	3 289 351
每股收益	9.8 港仙	9.3 港仙	10 港仙
总资产	13 761 170	18 620 739	24 975 433

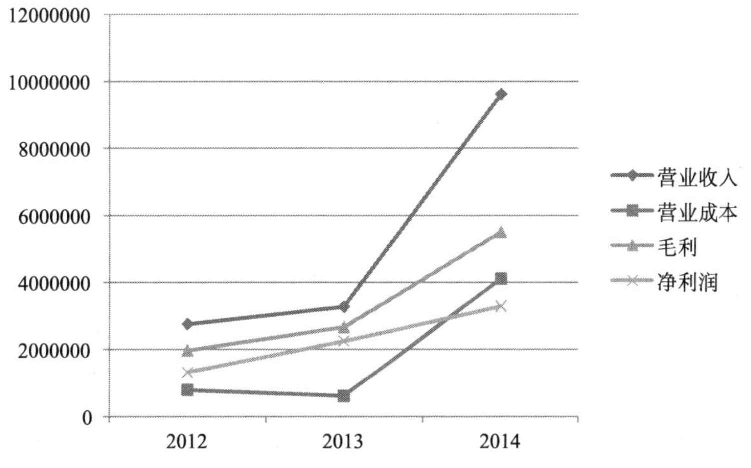

图 6-5　HN2012—2014 主要财务数据　单位:千港元

表6-13和图6-5是HN2012—2014年的主要财务数据。从表6-12可以看出，HN在2014年实现营业收入96.15亿港元，较2013年增加了194%，产品市场竞争能力有所增加。营业成本41.1亿港元，同比增长575%，明显高于营业收入的涨幅，因而毛利率较2013年下滑了24%。净利润为32.89亿港元，相比较2013年上涨46%，每股收益10.0港仙，增加7.53%。2014年末总资产为249.75亿港元，较2013年实现了34.13%的增长。在2014年HN的各项指标都有大幅增长，增幅远超行业平均水平。HN2014年年报中管理层关于报告期内经营情况的讨论与分析显示，HN2014年利润的增长主要得益于非关联交易的下游业务收入以及出售旗下5个光伏电站项目的收益。

（2）HN2015半年报突变

表6-14和图6-6是HN2013和2014年中报的主要财务数据。

表6-14　　　　　　　　HN2015半年报变化　　　　　　　单位：千港元

项目	2014中报	2015年中报
营业收入	3 204 806	2 118 186
营业成本	463 470	657 584
毛利	2 741 336	1 460 602
毛利率	85.54%	68.96%
净利润	1 661 407	-80 305
每股收益	7.78港仙	-0.14港仙
总资产	20 786 146	25 705 855

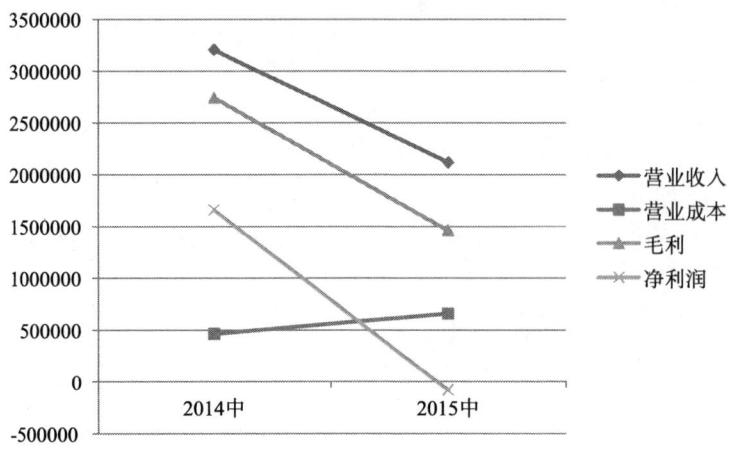

图6-6　HN2015半年报变化　　单位：千港元

2015年8月28日，HN发布未经审核的2015年上半年财报。主要财务数据如表6-13所示，上半年公司营业收入21.18亿港元，同比下降34%；毛利14.61亿港元，同比减少47%；净亏损达8千万港元，相较去年同期盈利16.61亿港元，下降104.83%，这是HN2013年正式登陆港股市场后首次出现业绩亏损。表6-14和图6-6显示，HN2014—2015年的业绩变化较大，波动剧烈。

（3）光伏行业2014年财务数据

表6-15是HN与光伏行业同行的比较（其他A股、美股、港股公司已折算为港币）。从2014年光伏行业的主要财务数据来看，在2014年行业整体发展的良好态势下，多数光伏企业的财务状况都相对良好。从毛利和净利来看，HN在光伏行业的上市公司中，呈现出明显的"一枝独秀"现象。

表6-15　　　　光伏行业2014年财务数据　　　　单位：千港元

项目	HN	保利协鑫能源	英利	阿特斯	东方日升	中环股份	亿晶光电
营业收入	9 615 028	37 224 721	16 166 981	3 702 564	3 692 012	5 962 664	4 063 548
营业成本	4 110 380	29 574 117	13 367 826	2 975 965	2 933 924	5 054 310	3 296 746
毛利	5 504 648	7 650 604	2 799 143	726 586	160 102	179 192	89 759
毛利率	57.25%	20.55%	17.31%	19.62%	4.34%	3.01%	2.21%
净利润	3 289 351	2 040 755	(1 625 542)	299 519	97 224	164 478	144 052
总资产	24 975 433	90 003 835	33 901 828	3 842 368	6 695 372	17 711 917	6 710 646

数据来源：新浪财经。

（二）案例概况

HN股价于2015年5月20日突现跳崖式下跌47%，随后紧急停牌。在2009—2015年的发展历程中，也出现了一些争议性的会计处理。

1. 股价暴跌

HN股价暴跌事件经过如图6-7和图6-8所示。

2015年6月，知情人士称，HN薄膜发电拒绝了向港交所提交母公司HN控股集团账目信息的要求。而且HN薄膜正在研究替代交出母公司账目的方法，其很可能买下母公司HN控股，以避免提交母公司账目。

2015年7月16日，HN薄膜终于对当时的暴跌原因做出了官方回应。HN薄膜称价格大幅波动的原因是其中一家设备购买方宝塔公司终止销售合同。同时表示已在公告发布之日收到包括新华联、内蒙满世两个设备购买方对于合同的书面确认书，但并未收到宝塔公司的销售合同。

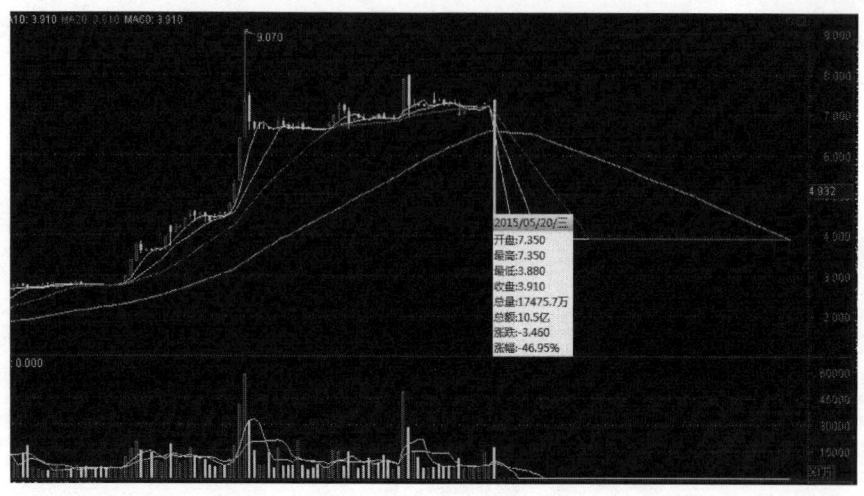

图 6-7　HN 股价走势图

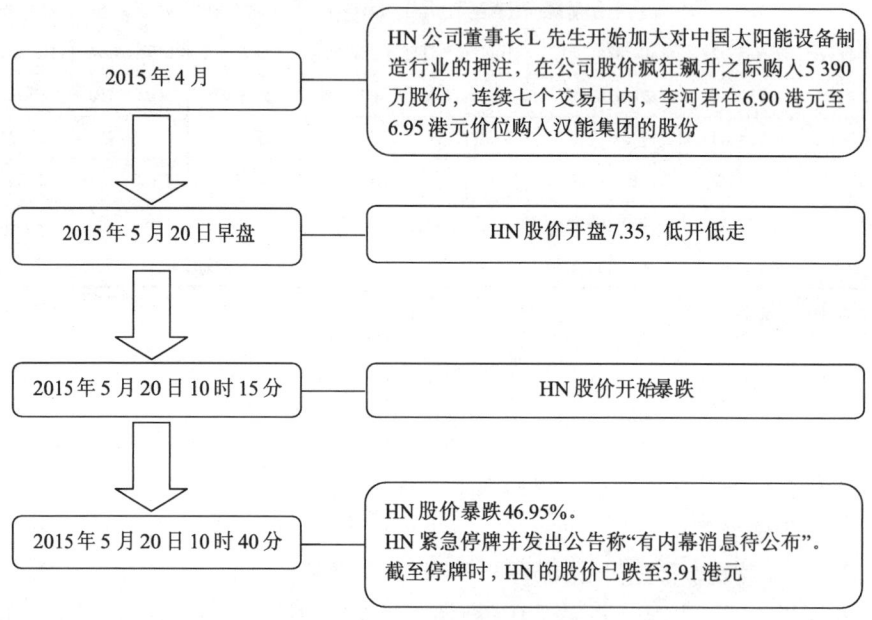

图 6-8　HN 暴跌事件经过

2. 商誉的确认计量

HN 是通过收购 BY 太阳能技术控股有限公司（下称 BY）实现上市的。BY 之前则是借壳一家名叫 HF 集团的玩具制造厂商，在 HN 入驻前，通过派现、拆股、注销资本、以及并股手法，将发行股本扩大至 59 亿股。2009 年度资产中占比最大的是收购而产生的商誉，达到了 86%。

对于商誉的确认，会计界一直存有争议。商誉的产生一般是构成主营业务的改变时,被收购公司的市场潜力价高于其公允价值而产生的,换而言之就是认为其未来有发展可能性的一种体现。目前香港国际准则采用的是并购法进行商誉确认,随后每年进行减值测试。而对于商誉减值的测试,主要是根据针对商誉所带来的现金流入流出来判断是否有减值风险。

表 6 – 16　　　　　　近年来 HN 现金流量与商誉情况　　　　单位:百万港元

报表项目	2009 年	2010 年	2011 年	2012 年	2013 年	2014 年
经营活动现金流量	63.17	970.14	-566.74	756.48	-598.14	315.54
筹资活动现金流量	-19.99	-136.97	-172.91	0	2 095.17	1 771.99
投资活动现金流量	59.13	-123.96	96.47	-335.38	-870.90	-406.56
商誉	7 915.32	7 915.32	7 915.32	7 915.32	7 915.32	7 915.32
总资产	9 286.68	11 702.49	12 120.27	13 761.17	18 811.79	25 232.18
商誉占资产的比重	85.23%	67.64%	65.31%	57.52%	42.01%	31.37%

从表 6 – 16 可以看到,由于关联交易 HN 的现金流自从 2009 年开始都是净流入,也就是说从现金流的角度不存在减值风险,因此关联交易使得商誉的存在也就变得合理。但是,2013 年 HN 现金流问题显现端倪,由于多项对外投资,以及预付账款大幅上升等回款问题,导致上市公司经营现金流为负,全年现金流入仅靠股东认购股份来维持。此种情况下,HN 并未对初上市占有总资产 86%、2013 年占有 42% 左右的商誉进行减值测试,并确认相关减值损失,有高估资产的嫌疑。

3. 关联交易占比异常

表 6 – 17 反应了 HN 的收入及关联交易比例。HN 的营业收入绝大部分来自于关联方交易,比例居高不下。从表 6 – 17 可以看出,2013 年,包括大股东 HN 控股在内的多个关联公司是 HN 的唯一客户,2014 年上半年,98.7% 的收入仍然来自关联交易。直至 2014 年下半年,HN 的关联交易才有所下降,非关联交易产生的收入占集团总收入提升至 38%,主要为期内出售旗下 5 个光伏电站项目所得的收益所致。然而,在降低关联交易立大功的 5 项发电站交易中,交易对手方北京弘晟是在这笔交易宣布 13 天前才注册成立的,拥有弘晟的 3 支基金中,有一家的法人代表是 HN 薄膜发电前董事 W 先生的妻子,W 先生则是在交易发生前 8 个月的时候,不再担任 HN 薄膜发电董事的职位。另外,年报中提及的非关联交易收入一大部分还挂在账上并未收回现金。

表 6-17　　　　近年来 HN 营业收入构成情况　　　　单位：百万港元

项目	2013 年末	2014 年末	2015 中
营业收入	3 274.43	9 615.03	2 118.19
关联方交易	3 247.67	5 960.99	1 927.98
比例	99.18%	62.00%	91.02%

资料来源：巨潮资讯网。

从理论上讲，关联交易属于中性经济范畴，正常的关联交易有助于充分利用集团内部的市场资源，避免信息不对称，降低交易成本，提高集团公司的资本运营能力和上市公司的营运效率。那么，HN 的巨额关联交易符合市场规则的正常交易吗？我们还应结合应收账款、经营现金流量以及公司营业利润等财务指标进行综合分析。见表 6-18。

表 6-18　　　　近年来 HN 应收账款情况　　　　单位：百万港元

项目	2013 年末	2014 年末	2015 年中
应收账款	4 221.11	6 078.70	3 231.35
应收关联交易款	4 162.94	4 576.42	2 011.34
关联交易占比	98.62%	75.29%	62.24%
经营现金净流量	-598.13	315.54	- - -

资料来源：巨潮资讯网。

HN 薄膜的应收账款金额庞大，最高甚至接近主营业务收入的三倍，其中由关联方交易导致的应收款项所占比例也非常高，2014 年中报显示，HN 的贸易及其他应收账款高达 62.4 亿港元，几乎是同期收入的两倍，而这其中应收关联方款项高达 97%。主要两项包括应收合同工程款 41.57 亿港元及应收关联公司 19.14 亿港元。2014 年末关联人士的应收账款达到 45 亿港元，是同期应收账款的 3/4。

进一步对上述应收关联公司 19.14 亿港元进行账龄分析发现，三个月以上的款项约占一半。根据财报披露，HN 给予关联公司的信用期介于 0 至 10 日，应收账款中未逾期款项仅占 23%，逾期部分，约一半已逾期 6 个月至 1 年。但对于近 15 亿港元应收账款，HN 并未计提任何减值准备，仅表示，公司董事已审慎查询评估 HN 附属公司的信誉及能力，向其提供的付款时间表可行，并予接纳。

由表 6-18 可知，HN 的营业收入虽然十分可观，但其经营现金流数据却很是尴尬，2013 年经营活动的净现金流更是 -5.98 亿港元，与营业收入明显不匹配，HN 虽然有惊人的利润率，但利润并没有转化成现金收入。HN 经营现金流和利润的差异主要来自应收账款，而应收账款又绝大部分来自关联交易。这不得不让人怀疑，HN 巨额的关联交易存在问题——关联交易的销售收入记在了应收账上，但从未到账。

HN 的业务模式如图 6-9 表示：

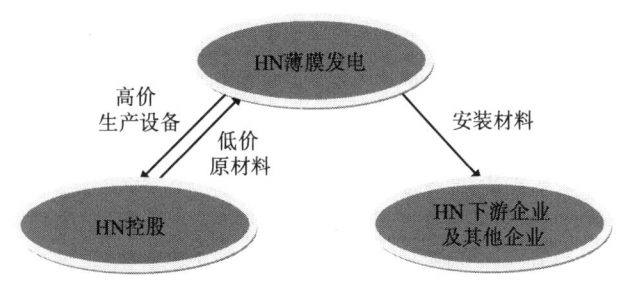

图 6-9　HN 主营业务模式图

4. 违规获取巨额政府补贴

从 2009 年起，HN 跑马圈地般和各地方政府签订动辄上百亿的合同，并确定了九大生产基地，总投资上千亿。但时至今日，这九大基地基本均未完全建成，消耗的资金也多是当地政府配套的项目资金及银行贷款。2012 年 6 月 21 日，国家审计署发布的一则名为"5 044 个能源节约利用、可再生能源和资源综合利用项目审计结果"的公告，其中便指出广东 HN 光伏 10 兆瓦光伏发电项目单位存在多报建设规模和装机容量的现象，违规获得中央财政金太阳示范工程补助资金 2 637.25 万元。L 先生用"亲近政府"带来的"势能"让地方政府配套了土地和银行贷款，又把这些钱用来向上市公司购买设备，以此将上市公司业绩数据做得非常好，维持住自己的身家和声誉，也维持住自己的再融资能力。见表 6-19。

5. 资产结构不合理

表 6-19　　　　　　近年来 HN 资产结构情况　　　　　单位：百万港元

项目	2012 年	2013 年	2014 年	2 015 上半年
无形资产及商誉	8 466.41	9 103.80	8 985.39	9 024.01
固定资产	133.85	209.94	663.49	989.83
流动资产	5 028.45	9 197.29	15 250.1	15 546.1
非流动资产	8 732.72	9 423.45	9 725.34	10 159.8
流动资产占总资产比重	36.54%	49.39%	61.06%	60.48%

表 6-19 反映了 HN 的资产结构情况。从资产结构来看，2012—2013 年 HN 的非流动资产占总资产的比重偏大，资产的流动性和变现能力较弱，风险较高。进入到 2014 年，公司的流动资产比重明显上升，资产结构呈现为的保守型结构。但对于新能源行业来说，这样的资产结构明显是不合理的。新能源行业属于资产

密集型行业，需要建设厂房、购买设备等，因此该行业的普遍情况是固定资产的比重远高于流动资产。但 HN 却恰恰相反，无形资产和商誉约占非流动资产的 80%，流动资产是固定资产的数倍不止。这与 HN 到处新建、扩建厂房的做法极不相符。

6. 股权结构不合理

港交所《上市规则》第 8.08 条规定，寻求上市的证券必须有一个公开市场，一般即指无论何时，公众持股量须至少达已发行股本总额的 25%。而根据相关媒体数据得知，L 先生的直接控股比例高达 80.89%，再加上间接的控股比例，L 先生对 HN 薄膜的控股比例可达 90%，远超港交所规定。但 HN 在其财报中指出，截至 2015 年 2 月 28 日，HN 控股集团及其一致行动人士，共持有 HN 薄膜发电 30 452 042 510 股，约占已发行股本的 73.1%，而非部分媒体所报道的 80.75% 或 90%。这样不尽合理的股权结构，是否算违规？有待证监会的进一步调查核实。

（三）讨论题目

1. 你认为 HN 在股价悬崖式暴跌之前有无信号？
2. HN 的销售模式与收入确认方法是否合理？
3. 你能够发现 HN 的盈余管理行为吗？
4. 港股通上市公司盈余管理的行为能否得到有效治理？

二、案例分析

（一）理论背景

1. 关联方交易

关联方交易是指关联方之间发生转移资源或义务的事项，而不论是否收取价款。关联方交易在市场经济条件下广为存在，目前，我国企业会计准则将关联交易划分为以下 11 种类型：购买或销售商品、购买或销售除商品以外的其他资产、提供或接受劳务、担保、提供资金、租赁、代理、研究与开发项目的转移、许可协议、代表企业或由企业代表另一方进行债务结算、关键管理人员薪酬。其中，上市公司与关联企业之间的购销业务是最主要的关联交易手段。

从理论上讲，关联交易属于中性经济范畴，它既不是单纯的市场行为，也不属于内幕交易的范畴。其在经济学上的意义主要体现在：有助于充分利用集团内部的市场资源，避免信息不对称，降低交易成本，提高集团公司的资本运营能力和上市公司的营运效率。但在实际的操作过程中，由于关联交易与市场交易，公开竞价的方式不同，其价格可由关联方协商确定，特别是在我国评估与审计等中介机构作用尚未得以充分发挥的情况下，关联交易就容易成为上市公司与集团公司调节利润、避税和为一些部门及个人牟利的盈余管理手段。

2. 收入确认原则

《企业会计准则第 14 号——收入》第四条对销售商品收入确认的条件进行了界定，要求销售商品在同时满足下列条件的，才能予以确认：（1）企业已将商品所有权上的主要风险和报酬转移给购货方；（2）企业既没有保留通常与所有权相联系的继续管理权，也没有对已售出的商品实施有效控制；（3）收入的金额能够可靠地计量；（4）相关的经济利益很可能流入企业；（5）相关的已发生或将发生的成本能够可靠地计量。

在现行企业会计准则中，关联方交易确认收入与正常销售商品确认收入完全相同，即只要满足企业会计准则第 14 号的要求，就可以确认为收入。但在我国旧企业会计准则中，对关联方交易则有一定的限制性规定。第一，正常商品销售中，当期对非关联方的销售量占该商品总销售量的比例较大的（通常为 20% 及以上），应按对非关联方销售的加权平均价格作为对关联方销售的计量基础，并据以确认收入，实际交易价格超过确认为收入的部分计入资本公积。第二，非正常商品销售及其他销售：（1）上市公司销售商品给关联方，如果没有确凿证据表明交易价格是公允的，应按出售商品的账面价值确认收入，实际交易价格超过出售商品账面价值的部分，计入资本公积；（2）上市公司将其应收债权转移给其关联方，应按实际交易价格超过应收债权账面价值的差额计入资本公积。实际上，我国以前的会计准则（会计制度）对于关联交易的监管更为严格。

3. 盈余管理的资本市场动机

上市公司管理层源于资本市场动机的盈余管理可以分为两类：一类是为了迎合监管指标以实现资本市场特定功能，另一类是为影响企业的股票价格。

第一类动机之所以会存在，主要是因为我国证券市场监管部门对 IPO、配股增发、退市预警、退市等制定了一系列监管指标，而这些监管主要是基于净利润、净资产收益率等会计业绩指标。因此，部分盈利能力较差的上市公司为了在资本市场上实现上市、增发、保壳等目的不得不进行各类盈余管理，以此来满足资本市场的监管要求。具体表现在，上市公司增加利润之盈余管理可以用于避免发生亏损或避免持续亏损而最终导致股票被暂停上市（停牌）乃至终止上市（摘牌）或为保配股资格，而减少利润的巨额冲销行为表面是导致当期巨额亏损，但实则有助于下一期迅速恢复公司盈利，从而可以保牌。

而第二类动机是最广泛、最普遍存在的资本市场动机。众所周知，投资者和财务分析师等在决定股票买卖、对股票进行定价的过程中会广泛地使用财务报告信息，从而导致管理当局有操纵会计盈余信息来影响股票短期价格的动机。主要为实现：(1) 保持盈余增长；(2) 迎合分析师预测；(3) 迎合管理层预测等。这是因为，是否达到盈余目标会对企业的股价产生重要影响，达到盈利目标时公司能获得较高预期利益，而没有达到盈利预期目标的公司股价将可能会有较大下跌。而股价的高低对公司、管理层及其股东有着重大影响，虽然股价的波动不会直接影响到公司的经营，但却会对再融资、借款、投资者意愿等产生影响，进而影响上市公司本身。当利润增长等主要盈利目标无法实现时，为最大程度减少股票价格的下跌，管理层有较强的动机进行盈余管理。

(二) 制度背景

1. 港股通

2014年4月10日，李克强总理在博鳌亚洲论坛开幕式上指出，要积极创造条件，建立上海与香港股票市场交易互联互通机制，进一步促进中国内地与香港资本市场双向开放和健康发展。2014年11月17日，沪港通股票市场交易互联互通机制（以下简称沪港通）正式开通。沪港通包括沪股通和港股通两个部分。

港股通是指投资者委托内地证券公司，通过上交所设立的证券交易服务公司（SPV），向联交所进行申报，买卖规定范围内的联交所上市的股票。投资港股的港股通总额度为2 500亿元人民币，每日额度为105亿元人民币。试点初期，香港证监会要求参与港股通的境内投资者仅限于机构投资者以及证券账户和资金账户余额不低于人民币50万元的个人投资者。

关于对市场主体的监管，遵循不改变两地现行法律、规则及投资者交易习惯的总体原则。从监管对象来看，港股通业务的监管权限包括上市公司、证券公司和证券交易服务公司三个方面。具体安排如下：一是对于上市公司，按照上市所在地原则进行监管。二是对于证券公司，原则上由持牌所在地监管机构监管。同时，证券公司通过港股通代理投资者从事跨境证券交易行为时，境外监管机构有权对其跨境交易行为进行监管。三是交易所在对方市场设立承担订单转发职能的公司（证券交易服务公司），由对方监管机构颁发牌照并进行监管。

2. 香港上市公司的治理规则

香港交易及结算所有限公司（Hong Kong Exchanges and Clearing Limited），简称"香港交易所"，是全球领先的交易所及结算所营运机构，按市值计算是全球最大的交易所集团之一。香港交易所经营证券及衍生产品市场以及相关的结算所，是香港上市公司的前线监管机构，旗下成员包括世界首屈一指的基本金属市场——英国的 London Metal Exchange（伦敦金属交易所，简称 LME）。其中，投资者通过港股通交易的证券是在香港交易所旗下的联交所上市的证券。如表6-20所示。

从市场层次上看，香港股票市场包括主板和创业板两个层次。在总体市场规模和筹资方面，主板占有主导地位。从投资者结构来看，香港市场以机构投资者为主，同时，海外投资者所占比例高。

在监管方面，香港的资本市场实行由联交所和证监会双重监管的体制。香港联交所是自律型、规章制度严密的同业公会组织，对上市公司的信息披露有严格要求。当联交所没有尽到监督之职或无法监督时，证监会就会通过法律渠道进行干预与监管。

表 6-20　　　　　　　　　香港证券市场主板上市要求

财务状况（要满足1-3项其中一个标准）	（1）利润标准：年利润在2 000万港币以上、最近两年合并净利润不低于3 000万港币；（2）市值/收入/现金流要求：上市市值应不少于20亿港币、最近一年收入至少5亿港币、过去3年总的正现金流至少1亿港币；（3）市值/收入：上市市值应为40亿港币、过去一年收入不低于5亿港币、上市后至少有1 000位股东。
业务、管理层及股东	业务被认为合适上市；连续三年营业记录；上市公司管理层至少最近三个年度、控股股东至少最近一个年度保持连续性。
最低资本	上市时市值不低于2亿港币（如果通过利润标准要求）；上市时至少应有5 000万港币的市值由公众持有。
公众持股量	一般要求公众持股量达到25%；对于市值超过100亿元的发行人，联交所可能会同意其公众持股量降低到15%至25%之间；分散的股东基础：（1）至少有300名股东，（2）最大的3家公众股东在上市时持有不超过50%的公众持股量；上市公司中非关联人士所控股份若在10%以下，该部分股份根据主板定义，为公众持有股份。
股东数量	盈利测试或市值/收入/现金流量测试：至少300名股东；市值/收入测试：至少1 000名股东。
发行锁定	申请售股时指定为控股人的一方（持有已发行股份30%以上者）不得在上市后的前六个月内出售或转让其所持有任何股份；锁定解除后的头六个月内，控股人所能出售的股份份额不能使其丧失控股人地位；除非有例外情况，上市条例禁止在上市后的头六个月内出售新股份。上市前已签署的协议中规定的售股，必须在上市申请给予披露。
会计准则	须按香港/中国/国际会计准则；经审计后财务报表不得超过招股书刊发日期六个月。
主营业务	公司本身可能经营不同业务，但必须实际上拥有核心业务；主营业务必须达到利润要求。
发行审批机关	香港交易所/香港证监会/中国证监会。
发行估值	没有限制，具体情况取决于公司的基本因素和市场情绪。
后续融资能力	在首次上市之后的6个月内不允许。如获股东授权，可增发已发行股份的20%给独立人士而无需股东批准。
注册地要求	香港、百慕大、开曼群岛、中国，任何其他能为股东提供暴涨至少相当于香港提供水平的司法地区。

3. 政府补助与政治关系

政府补助是指企业从政府无偿取得货币性资产或非货币性资产。为了体现一个国家的经济政策，鼓励或扶持特定行业、地区或领域的发展，世界上很多国家，包括市场经济国家的政府通常会对有关企业予以经济支持。

政府补助是政府对资源进行再分配的一种行为，这种行为对企业的生存和发展都有着重要的影响。以环保能源行业为例，由于环保能源型企业，大多属于高科技行业，它们虽具有较高的成长性和很大的成长空间，对促进环境保护具有积极重要的作用，但往往存在成立时间短，规模小，业绩不突出、技术研发等客观瓶颈，使得国家先后制定了许多政府补助政策，以支持高新技术企业的发展。反过来，企业也积极的挖掘各种资源以获取政府补助。

政府补助的形式主要有财政拨款、财政贴息、税收返还和无偿划拨非货币性资产等。在实际工作中，从上市公司发布的公告和媒体披露的信息来看，不同区域、不同行业的中国企业获得的政府补助形式纷繁复杂，如高新技术补贴、炼油补贴、生猪屠宰补贴、无公害化处理补贴、进口设备补贴等等。

按照现行会计准则的要求，企业获得的政府补助可能直接计入当期损益，也可能作为递延收益处理，以后分期计入损益。企业获得政府补助增加了企业的利润，但是，多数情况下，这些政府补助都不能被视为可以持续获得的，因此，企业获得的政府补助通常都是一种"非经常性损益"。

对于企业的政治关系，学术界至今没有趋于一致的定义。一般认为，政治关系是指企业与政府之间存在的显性或隐性的密切联系，这种联系可以为企业带来潜在或现实的利益影响。

企业高管政治关联是世界各国经济发展过程中的一种普遍现象，尤其在我国经济转型背景下，长期以来的关系型文化和某些制度上的原因决定了企业与政府建立亲密关系的重要性。在中国这个特殊的"关系"社会，作为市场经济主体的企业，同样与政府有着一定的"政治关系"。我国国有企业在产生之时就隶属于政府，与政府之间拥有着天然的"血缘关系"，为企业高管政治关联提供了很多的可能性。

企业的政治关系从本质上也是出于追求利益最大化的追求，这同很多其他的企业行为的出发点是一样的。在我国，企业高管政治关联主要表现为政治参与。一般认为，政府干预的存在、市场化水平较低、融资约束等因素是企业建立高管政治关联的原因。

（三）行业背景

近年来，我国政府大力发展光伏产业，并发布了一系列支持光伏企业的政策,如《可再生能源法》《可再生能源发电价格和费用分摊管理实行办法》等一系列文件。政府通过补贴的形式,有力地支持了我国光伏企业的快速发展。然而好景不长,2008 年爆发了金融危机,以及后来欧美对我国光伏产品征收反倾销税等不利因素的影响,整个行业开始出现大面积产能过剩,加之我国政府鼓励发展光伏产业过度,企业自身管理不善,更使得光伏行业雪上加霜。到 2012 年数百家中国光伏企业停工倒闭或亏损严重,整个行业发展不容乐观。

随着光伏产业问题的曝光,近年国内光伏产业建设不断发展。2014 年,国内光伏市场进一步启动,出口市场起稳,我国光伏产业整体好转。前瞻产业研究院提供的《2015—2020 年中国光伏发电产业市场前瞻与投资战略规划分析报告》显示,截止 2014 年末,我国光伏发电累计并网装机容量 2 805 万千瓦,同比增长 60%,分布式 467 万千瓦。光伏年发电量约 250 亿千瓦时,同比增长超过 200%。在环保政策施压下,各地光伏装机量大增,民间资本正不断涌入,光伏产业融资能力加强,未来光伏发展将更为迅猛。目前,光伏发电中的太阳能电池仍然是以晶体硅太阳能电池为主,其市场份额占整个太阳能光伏发电市场的 90%,大面积商品化的太阳能电池转换效率可达到 18%—19%。其次是非晶硅薄膜太阳能电池发展迅速,其市场份额占到整个市场的 6%—7%。

表 6-21　　　　　　　2014 年光伏行业财务业绩增长情况

公司名称	收入			净利润		
	2014	2013	增长率	2014	2013	增长率
HN 薄膜 (千港元)	9 615 028	3 283 791	192.63%	3 307 748	2 018 024	63.91%
保利协鑫能源 (千港元)	37 224 721	25 530 002	45.81%	2 040 755	175 722	1 061.35%
英利(千美元)	1 292 738	1 341 809	-3.66%	-129 981	-194 442	33.15%
阿特斯(千美元)	296 063	165 436	78.96%	23 950	3 166	656.48%
东方日升(万元)	295 219	216 372	36.44%	7 774	7 521	3.36%
中环股份(万元)	476 784	372 630	27.95%	13 152	7 707	70.65%
亿晶光电(万元)	324 928	269 014	20.78%	3 306	6 730	-50.88%

数据来源:作者根据上述上市公司的财务报告整理所得。

表 6-21 表明,多数光伏行业企业在 2014 年的财务业绩呈现了增长态势,部分企业出现了负增长。从收入来看,HN 薄膜较 2013 年上升了 192.63%,其次是东方日升,上升了 36.44%,而英利则出现了负增长。从净利润来看,HN 薄膜较 2013 年上升了 63.91%,行业优势明显。

(四) 案例分析要点/解决问题的可选方案与评价

1. 你认为 HN 在股价悬崖式暴跌之前有无信号？

方案 1：没有信号。

方案 1 的理由：

从本质上说，作为虚拟资本的股票最终要受制于实体经济，其价格走势要遵循"价格围绕内在价值上下波动"的价值规律。但实际上，影响股票价格的因素多而复杂，诸如上市公司基本面、公司财务状况、市场供求关系等等。就 HN 来说，其近年来的财报显示，公司基本面良好，财务状况尚可，成长性较好，大有发展前景。而至于其年报中的财务数据是否真实，投资者一般难以识别，毕竟经人为粉饰过的财报都青睐于采用隐秘和复杂的盈余手段。就市场供求关系来说，特别自港股通开通以来，HN 一直备受投资者追捧，市场需求较大。5 月初，HN 启动了员工购股计划，并得到了公司员工的积极反应，向市场传递了利好的消息。因此，在这种情况下，很难预料到 HN 的股价会出现悬崖式暴跌。

方案 2：有信号。

方案 2 的理由：

虽然影响股价的因素难以预知，但还是能够合理地分析预测。HN 的股价暴跌是有信号的，主要体现在：（1）业绩实力难以支撑市值。HN 在全球太阳能面板出货量方面算不上是名列前茅，然而在暴跌之前，该公司市值超过 400 亿美元，超过了整个太阳能面板制造行业的价值。（2）涉嫌市场操纵。在短短 1 年多的时间内 HN 的股价便从 1 元多港元上涨到了最高点的 9.07 港元，累计涨幅到达了 162%，而且该股常常在收盘前 10 分钟表现的非常活跃。（3）遭权威机构质疑。《金融时报》和《华尔街日报》质疑 HN 过高的关联交易比例，认为 HN 薄膜发电的财务指标存在人为操控的嫌疑。而美国对冲基金也认为 HN 因为关联交易过高，会导致股价虚高的沽空机会，所以也期望通过大举做空 HN 薄膜发电获利。

因此，HN 股价的暴跌不是空穴来风，而是有信号的泡沫破裂。

2. HN 的销售模式与收入确认方法是否合理？

方案 1：合理。

方案 1 的理由：

HN 在销售商品时已将商品所有权上的主要风险和报酬转移给购货方；没有保留通常与所有权相联系的继续管理权，也没有对已售出的商品实施有效控制；收入的金额能够可靠地计量；相关的经济利益很可能流入企业；相关的已发生或将发生的成本能够可靠地计量，这些都符合收入的确认原则。因而，HN 的销售收入确认政策是合理的。

方案2：不合理。

方案2的理由：

作为大型太阳薄膜的销售商，HN 的销售模式与销售收入的确认与普通企业有着较大区别。HN 的客户基本只有一个，HN 控股及其附属子公司，HN 向其控股股东高价销售生产设备，而这些大量的关联交易只形成了巨额的应收款，长期挂在账上，并没有现金流入，即相关的经济利益不一定会流入企业，企业经济利益的流入缺乏保证，企业仍然存在风险。因此，HN 的销售收入确认政策是不合理的。

3. 你能够发现 HN 的盈余管理行为吗？

方案1：很难发现。

方案1的理由：

上市公司利用关联交易进行盈余管理的事件屡有发生，且很难识别。这是因为：（1）由于信息的不对称，外界很难获知关联交易的真正目的和过程。（2）企业往往会在设计企业集团组织架构时，早已为日后的关联交易留下余地，使利用关联交易要达到的目的更具有隐蔽性。（3）关联交易的定价在实务中及其复杂，投资者很难洞悉关联交易价格的公允性。

因此，对企业外部人士来说，由于信息不对称等，很难判断关联交易的真实性和交易价格的公允性，无法有效识别其是否进行盈余管理。

方案2：可以发现。

方案2的理由：

虽然盈余管理的手段复杂而隐秘，但是可以通过横向比较和纵向比较、报表间勾稽关系检验、逻辑判断等方法进行分析识别。就 HN 而言，公司基本面疑点重重，表现在：（1）令人疑惑的高毛利率伴随着关联交易，毛利率与关联关系存在正相关关系。2012 年到 2014 年上半年，公司毛利率一度高达 80%，营业收入 90% 以上来自关联交易。2014 年下半年，公司关联交易降至 62%，毛利率降低至 57.52%，但公司的营业收入并未下降，反而增幅较大。这有悖制造业常理，正常情况下，随着营业收入的增加，规模经济渐显成效，单位成本会降低，毛利率应该会上升，但公司的毛利率却随着关联交易的减少而下降。（2）营业利润与应收账款以及经营现金流存在勾稽关系。HN 的利润虽然可观，但却并未形成现金流，而是形成了巨额的应收款，这些应收款中又以应收关联方款项为主。（3）资产结构、股权结构不尽合理。根据财报显示，HN 的无形资产及商誉高达 90.24 亿港元，而固定资产只有 9.89 亿港元，这对太阳能薄膜发电这种资产密集型企业来说显然是极不合理的。同时，公司大股东一股独大，公众持股量少于25%，明显不合港交所相关规定。

除了上述疑点分析外，我们还可以借助模型预示盈余管理行为，通过提高审计人员的独立性以及监管机构的监管力度来发现和抑制盈余管理行为。

4. 港股通上市公司盈余管理行为能否得到有效治理？

方案1：很难。

方案1的理由：

港股通上市公司盈余管理行为很难得到有效治理。从监管层面来看，由于内地和香港同时处于两个不同证券法域管辖下，跨境监管执行难度大。目前的跨境监管对上市公司存在管辖的重叠、职责分工的交叉、监管空白区诸多问题。在香港，承担监管任务的机构主要是香港证券及期货事务监察委员会和联交所。香港的证券监管主体虽然拥有法定执行权力，但是面对资产和管理层都在内地的上市公司，几乎不能实施任何有效约束。从异地投资者角度来看，由于香港市场和内地市场上市公司在信息披露上存在差异，投资者获取信息的渠道和难易程度也不尽相同，例如港股通上市公司的年报采用的是繁体或英文，这对异地投资者来说是不小的挑战。这种情况下，港股通上市公司的盈余管理行为可能很难得到有效的抑制和治理。

方案2：可以。

方案2的理由：

港股通上市公司盈余管理行为可以得到有效治理。借鉴非跨境上市公司盈余管理治理的策略，同时通过加强对内地和香港在证券监管方面的进一步融合协作，加强两地分工协调、填补监管合作空白等方法来治理。具体来说：（1）完善公司治理内部机制。通过优化董事会结构，完善其监督职能；实行分工负责制，完善董事会运行机制等方面来强化企业内部治理机制的内在约束作用。（2）完善外部审计制度。完善会计师事务所的聘用和更换机制是保持注册会计师审计独立性的重要举措。针对现行审计委托模式的失效，可以建立新的审计委托模式。（3）保护中小股东利益，完善股东诉讼制度。建立小股东权益保护协会、建立建全相关的小股东权益保护制度、建立股东诉讼制度等措施以保护中小股东利益。（4）加强跨境监管协作。针对沪港通涉及的具体跨境监管问题，进一步签署补充协议，就内幕交易、操纵市场等违法交易行为认定标准差异的处理、监管信息共享机制、违法违规线索提供机制、协助调查取证和配合采取相关监管措施等方面作出具体约定。

第四节 会计估计变更与盈余管理：
HT 酒业案例分析

一、案例资料

由于会计计量尚未达到完美的发展，会计估计在会计实务中无处不在，如应收账款的坏账估计、固定资产的折旧估计、无形资产的摊销估计、各种资产的减值估计、未决诉讼的赔偿估计等等。会计估计的存在，一方面增加人了会计人员的工作难度，另一方面，由于会计估计的存在，也使得财务会计得以存在，恰体现出了财务会计的魅力。恰当的会计估计可以提高会计信息质量，有助于资本市场的健康发展与运行，而不当的会计估计却会降低会计信息质量和投资者的信心。

（一）案例公司背景
1. 公司基本信息

甘肃 HT 酒业股份有限公司（以下简称"HT 酒业"）是甘肃省的一家酒类制造企业，位于甘肃省武威市凉州区西关街新建路 55 号。公司主要发起人甘肃 HT 实业（集团）有限责任公司是由始建于 1985 年的甘肃凉州 HT 酒厂改制而成的国有独资公司。1998 年 9 月 15 日，由甘肃 HT 实业（集团）有限责任公司、北京丽泽隆科贸公司、上海人民印刷八厂、安阳市长虹彩印企业集团和苍南县迪科技术发展公司共同作为发起人，以发起方式设立甘肃 HT 酒业股份有限公司。2000 年 8 月 7 日，公司在深圳证券交易所上市。

2. 公司经营概况

HT 酒业的主营业务为酒类产品的生产与销售，主要产品包括精品金 HT、银 HT、精品老 HT、凉州情酒、葡萄干红、酒精以及其他酒类产品。

报告期内，由于受消费结构的变化和国家产业政策的影响，全国白酒市场继续供大于求，市场竞争进一步激烈，竞争手段推陈出新。同时，市场消费结构呈多元化趋势，白酒、啤酒、葡萄酒等共同存在于市场，抢占市场份额。再之，国家对白酒行业实行从价和从量双重计税，使白酒企业面临严峻的生存压力。

2002 年，区域内白酒企业总体上呈现出规模小、数量多、工艺技术落后、产品质量差、市场营销混乱、重复建设和消耗污染严重以及地方保护主义盛行等特征。2001 年，为了从根本上解决酿酒行业存在的混乱局面，国家适时出台了一系列产业政策和新的消费税政策。然而事与愿违,实际执行的结果不仅税收目标远没有实现,遏制小酒厂的泛滥、提高白酒产品的质量档次、减少粮食的浪费和环境的污染、迅速提高生产的集中度的目标也同样没有完全实现。反而由于不具有品牌影响的中低档白酒供过于求,竞争激烈导致市场营销秩序混乱。

针对以上问题,公司调整营销策略,调整产品结构,调整公司的系列酒品牌开发思路,重点开发中高档价位产品,密切厂商合作,开发出了"本色"系列产品,使高端名优具有较高品牌优势的产品,以及由高端名酒延伸出的中档白酒成为市场的销售热点。

HT酒业2002年相关业务收入及利润情况如表6-22至表6-24所示:

表6-22　公司主营业务收入、主营业务利润构成情况表(按行业)　　(单位:万元)

分行业	主营业务收入	主营业务成本	毛利率(%)	主营业务收入增长率	主营业务成本增长率	毛利增长率
白酒	4 178	2 032	51	-32.39	-36.7	3
葡萄酒	3 512	1 650	53	18.8	7.2	5
酒精	2 857	1 483	48.1	-3.8	6.69	-5

表6-23　公司主营业务收入、主营业务利润构成情况表(按产品)　　(单位:万元)

分产品	主营业务收入	主营业务成本	毛利率(%)	主营业务收入增长率(%)	主营业务成本增长率(%)	毛利增长率(%)
精品金HT	230	96	58			
精品银HT	258	116	55			
精品老HT	680	300	55.8			
凉州情酒	667	364	45.42	-14.8	-6.4	-2.6
葡萄干红	3 512	1 650	38.5	18.8	14.5	2.3
酒精	2 857	1 483	48	-3.8	-5.1	1
其他	2 343	1 156	50.6			
合计	10 547	5 165				

注:由于精品金HT、银HT、精品老HT是2002年的新产品,不能与上年度相比。其他产品由于内部结构变化较大,与本年度没有可比性。

表6-24　公司主营业务收入和主营业务利润构成表(按地区)　　(单位:万元)

地区	主营业务收入	比例(%)	主营业务利润	比例(%)
省内	6 595	62.5	2 495	65.5
省外	3 952	37.5	1 313	34.5
合计	10 547	100	3 808	100

3. 公司财务状况

HT 酒业 2002 年的注册资本为 14 000 万元，总资产 66 845 万元，实现利润总额 857 万元，净利润 217 万元。

HT 酒业近 2000~2002 年主要财务数据如表 6-25 所示。

表 6-25　　　　HT 酒业 2000~2002 年主要财务数据　　　　（单位：元）

项目	2002 年度	2001 年度	2000 年度
主营业务收入	105 486 197	121 102 027	158 410 658
净利润	2 174 790	2 483 298	14 110 867
总资产	668 453 637	674 962 834	655 001 310
每股收益	0.0155	0.0178	0.1008
扣非后每股收益	-0.003	-0.073	0.106
每股经营活动现金流量	-0.06	-0.22	-0.22
净资产收益率	0.47	0.54	3.08

（二）案例概况

1. HT 酒业对坏账计提比例的变更与结果

HT 酒业在其 2002 年财务报告的附注中披露：经董事会批准，本公司从 2002 年 1 月 1 日起应收款项按账龄分析法对计提坏账准备的比例进行了变更，该项会计估计变更导致本年利润增加 1 458 万元。公司 2002 年利润总额为 857 万元，净利润为 217 万元，扣除坏账准备计提比例变更增加的利润后，公司 2002 年的利润总额实际为亏损 601 万元。

2. 董事会报告对坏账计提比例变更的说明

甘肃五联联合会计师事务所有限公司为公司出具了有保留意见的审计报告。报告中有一条对保留意见的说明，内容如下：

如会计报表附注 13.1 所述，经董事会批准，贵公司从 2002 年 1 月 1 日起对应收款项按账龄分析法计提坏账准备的比例进行了变更，该项会计估计变更导致本年利润增加 1 458 万元。我们认为贵公司改变应收款项坏账准备的计提比例缺乏充分理由。

董事会就上述涉及事项专项说明如下：

1.《关于公司会计估计变更的议案》是公司 2002 年 3 月 24 日在第一届董事会第十次会议审议通过的，该决议已于 2002 年 3 月 26 日公告，所有程序符合国家法规要求，是按国家规定进行的信息披露，不存在故意隐瞒事实。

2. 该次会计变更的具体情况如下：

（1）账龄在一年以内（含一年）的应收款项计提比例由原5%变更为0%；

（2）账龄在一至二年（含二年）的应收款项计提比例由原10%变更为5%；

（3）账龄在二至三年（含三年）的应收款项计提比例由原30%变更为10%；

（4）账龄在三至四年（含四年）的应收款项计提比例由原50%变更为30%；

（5）账龄在四至五年（含五年）的应收款项计提比例由原80%变更为50%；

（6）账龄在五年以上的应收款项仍按其余额的100%计提。

3. 公司董事会做出变更会计估计的原因主要是根据《企业会计制度》之规定，出于2001年和2002年财务数据进行分析及清收应收账款的事实中积累的经验并结合未来的销售政策南而做出的，符合其第一百二十八条之规定"如果赖以进行估计的基础发生了变化，或者由于取得新的信息、积累更多的经验以及后来的发展变化，可能需要对会计估计进行修订"的要求，具体分析如下：

（1）本公司在2001年改变了赊销策略，更加强调了对销售回款的控制，要求销售公司在一年内尽快回款。由酒类企业销售的特点是年底销售量大，存在销售回款期限与公司年报期限存在不一致的情况，这样就造成了2001年年底发生的一年以内的应收账款，要大金额的计提坏帐准备的局面。特别是在2002年3月24日做出董事会决议时，公司已计划2002年度公司开发新的"本色"系列酒，并确定在2002年底在甘肃全方位的组织销售。由于当时与经销商谈判时，考虑到经销商前期垫付此项目的市场推广较大，为了在合作过程中照顾经销商的利益，确保厂商一体化营销政策的顺利执行，进行了前期铺货的策略，这批白酒的回款只能在2003年内方可收回。如果按原会计估计政策，我公司对其产生的应收账款也要计提坏帐准备，而我公司作为酒类生产和销售企业这种情况比较普遍（年末销售次年回款），我公司认为在此种情况下按原会计估计所出具的会计报表，存在与企业实际经营事实不符的情况。当时，为了更加准确的反映公司的经营情况，我公司对会计估计做出了如上变更。

（2）我公司在2002年3月24日做出此项会计估计变更是依据企业会计准则的要求，在"最近可利用的信息和资料的基础上，并结合未来可能出现的情况"下做出的，不存在滥用会计变更的情况。我们做出会计估计变更的时间为2002年3月24日，主要考虑应收账款2001年与2000年相比较的回款情况。如表6-26所示。

表 6-26　　　　　　　　　　应收账款 2001 年回收情况表

	2001 年度	2000 年度	2001 年应收账款回收金额	2001 年应收款回收率
一年以内	4 635	4 757		
一到二年	2 177	1 477	-2 580	-54.24
二到三年	1 457	1 762	-20	-1.35
三到四年	762	190	-1 000	-56.75
四到五年	36	25	-154	-81.05
五年以上			-25	-100
合计	9 067	8 211	-3 779	46.26

从上表可以看出 2001 年应收账款尽管增加了 856 万元，但是当年发生的应收账款就为 4 635 万元，占当年全年应收账款的 51.11%；而以前年度累计下来的应收账款回款 3 799 万元，占上一年度应收账款余额的 46%。而在 2001 年年末我公司已对销售的策略进行了调整，加强现金回流的控制。同时，一年以内的应收账款回收了 2 580 万元，占上一年度所发生应收账款的 54.24%。故而当时董事会进一步认为，对一年以内的应收账款计提坏账准备是不太合理的。

（3）2002 年应收账款及其他应收账款的变化趋势也进一步证明了我公司会计估计变更的合理性。如表 6-27 所示。

表 6-27　　　　　　　　　　2002 年应收款项变动表

	2002 年度			2001 年度		
	应收账款	其他应收款	应收款项合计	应收账款	其他应收款	应收款项合计
一年以内	2 009	4 426	6 435	4 635	9 590	14 225
一到二年	3 644	2 516	6 160	2 177	2 088	4 265
二到三年	1 547	168	1 715	1 457	79	1 536
三到四年	1 099	79	1 178	762	70	832
四到五年	761	71	832	36		36
五年以上	25		25			
合计	9 085	7 260	16 345	9 067	11 827	20 894

从表 6-27 可以看出应收款项 2002 年较 2001 年降低 4 548 万元，降低 21.78%；且一年以内的应收账款在 2002 年我公司也得到了有效的控制，从去年的 4 635 万元减少 2 009 万元，降低幅度为 56.65%。

综上所述，我公司董事会认为变更会计估计是根据历史情况并结合未来经营政策做出的合理行为，符合国家有关会计的政策法规要求，并严格遵守了及时进行信息披露的原则,变更的程序及决议是合法有效的。

4. 审计意见

五联审字 [2003] 第 1042 号

甘肃 HT 酒业股份有限公司全体股东:

我们接受委托,审计了甘肃 HT 酒业股份有限公司(以下简称"贵公司")2002 年 12 月 31 日的资产负债表和合并资产负债表、2002 年度的利润及利润分配表和合并利润及利润分配表以及现金流量表和合并现金流量表。这些会计报表由贵公司负责,我们的责任是对这些会计报表发表审计意见。我们的审计是依据《中国注册会计师独立审计准则》进行的。在审计过程中,我们结合贵公司的实际情况,实施了包括抽查会计记录等我们认为必要的审计程序。

如会计报表附注 13.1 所述,经董事会批准,贵公司从 2002 年 1 月 1 日起对应收款项按账龄分析法计提坏账准备的比例进行了变更,该项会计估计变更导致本年利润增加 1 458 万元。我们认为贵公司改变应收款项坏账准备的计提比例缺乏充分理由。

我们认为,除上述问题造成的影响外,上述会计报表符合《企业会计准则》《企业会计制度》的有关规定,在其他方面公允地反映了贵公司 2002 年 12 月 31 日的财务状况和 2002 年度的经营成果及现金流量情况,会计处理方法的选用遵循了一贯性原则。

五联联合会计师事务所有限公司
中国注册会计师:秦宝
中国注册会计师:韩旺

中国·兰州民主东路 249 号移动通讯大厦五楼
二〇〇三年三月十六日

(三)讨论题目

1. 你认为 HT 酒业在 2002 年变更坏账准备计提比例的原因是什么?

2. 针对 HT 酒业的具体情况,你认为该公司在 2002 年是否可以变更坏账准备计提的比例?为什么?

3. 会计估计变更导致的利润差异,你认为应该作为经常性损益还是非经常性损益?为什么?

二、案例分析

(一) 理论背景

1. 稳健原则

稳健原则也称谨慎性原则、保守主义,是指在对交易或事项进行会计处理时,应该不高估资产和收益、不低估负债和费用。稳健原则是一项国际公认的会计原则和惯例,其目的是不夸大企业的利润。会计实务中,计提各项减值准备、加速折旧法的应用、预计负债的确认、带退货条款的商品销售收入确认等,都体现了稳健原则的应用。

对应收账款计提坏账准备是一项典型的稳健原则具体应用。实务中,企业所发生的坏账损失可以采用备抵法或直接转销法确认。在备抵法下,企业需要估计可能发生的坏账,采用账龄分析法或者应收账款余额百分比法、赊销金额百分比法等来计提坏账准备,账务处理略为繁琐,但利润计算较为准确。在直接转销法下,企业在实际发生坏账的时候直接将其计入费用或损失,账务处理简单,但利润计算准确。我国上市公司必须遵守会计准则的统一规定,因此都要采用备抵法对坏账损失进行确认,并且实务中大多采用的是账龄分析法。

2. 可靠性、忠实表述与会计估计变更

可靠性是会计信息质量的核心特征之一,要求企业以实际发生的交易或事项来进行确认和计量,如实反映相关会计要素的情况。忠实表述(faithfully representation)是可靠性的重要维度,目前在 IFRS 中已经替代了可靠性(reliability)的概念,成为 IFRS 主要信息质量特征之一。忠实表述强调的是会计处理方法的选择应该客观、中立、没有偏见,恰当反映所欲反映的对象。

会计估计在财务会计中无处不在,恰当合理的运用会计估计能够起到忠实表述、提高会计信息质量的目的,也体现了会计人员的职业判断能力在财务会计中不可或缺的作用。例如:为了正确反映企业的各项会计要素情况,会计人员需要估计可能发生的坏账比例、固定资产可能的使用年限和残值、销售出去的产品可能发生的保修费用等等。既然是会计估计,随着时间的推移和环境的变化,原来的估计就可能不再适用新的情况,因此,会计准则要求企业定期对会计估计进行复核,对原有的会计估计进行修正。

对于上市公司而言,会计估计变更可能对外界传递两种信号:一是公司面临的环境发生了变化,意欲通过会计估计变更进一步提高会计信息质量;二是公司遇到了财务问题,意欲通过会计估计变更进行盈余管理。

3. 非经常性损益

非经常性损益是指与公司正常经营业务无直接关系,以及虽与正常经营业务相关，但由于其性质特殊和偶发性，影响报表使用人对公司经营业绩和盈利能力做出正常判断的各项交易和事项产生的损益。非经常性损益包含的内容有：（1）非流动性资产处置损益，包括已计提资产减值准备的冲销部分；（2）越权审批，或无正式批准文件，或偶发性的税收返还、减免；（3）计入当期损益的政府补助，但与公司正常经营业务密切相关，符合国家政策规定、按照一定标准定额或定量持续享受的政府补助除外；（4）计入当期损益的对非金融企业收取的资金占用费；（5）企业取得子公司、联营企业及合营企业的投资成本小于取得投资时应享有被投资单位可辨认净资产公允价值产的收益；（6）非货币性资产交换损益；（7）委托他人投资或管理资产的损益；（8）因不可抗力因素，如遭受自然灾害而计提的各项资产减值准备；（9）债务重组损益；（10）企业重组费用，如安置职工的支出、整合费用等；（11）交易价格显失公允的交易产生的超过公允价值部分的损益；（12）同一控制下企业合并产生的子公司期初至合并日的当期净损益；（13）与公司正常经营业务无关的或有事项产生的损益；（14）除同公司正常经营业务相关的有效套期保值业务外，持有交易性金融资产、交易性金融负债产生的公允价值变动损益，以及处置交易性金融资产、交易性金融负债和可供出售金融资产取得的投资收益；（15）单独进行减值测试的应收款项减值准备转回；（16）对外委托贷款取得的损益；（17）采用公允价值模式进行后续计量的投资性房地产公允价值变动产生的损益；（18）根据税收、会计等法律、法规的要求对当期损益进行一次性调整对当期损益的影响；（19）受托经营取得的托管费收入；（20）除上述各项之外的其他营业外收入和支出；（21）其他符合非经常性损益定义的损益项目。

理论上而言，企业的利润应该包含两个部分，一是持续性利润（营业利润），二是非持续性利润（非营业利润）。我国上市公司的利润表采用的是通用格式的利润表，并且我国的会计准则与西方会计准则不同，在准则、指南、解释之外，单独增加了附录"会计科目和主要账务处理"，成为企业编制会计分录、登记账簿、编制报表的主要依据，会计准则的刚性更强。但是，由于"会计科目和主要账务处理"过于规则化，导致一些会计科目反映的内容并不能体现利润表"持续性利润+偶发利润"的基本要求，如投资收益、资产减值损失等等，从而一定程度影响了信息使用者的决策有用性。证监会关于非经常性损益的披露要求较好地解决了这一问题。

4. 非标准审计报告

审计报告分为标准审计报告和非标准审计报告。

标准审计报告是指不含有说明段、强调事项段、其他事项段或其他任何修饰性用语的无保留意见的审计报告。其中，无保留意见是指当注册会计师认为财务报表在所有重大方面按照适用的财务报告编制基础编制并实现公允反映时发表的审计意见。包含其他报告责任段,但不含有强调事项段或其他事项段的无保留意见的审计报告也被视为标准审计报告。

非标准审计报告,是指带强调事项段或其他事项段的无保留意见的审计报告和非无保留意见的审计报告。强调事项是指已在财务报表中恰当列报或披露的事项,但根据 CPA 的职业判断,该事项对财务报表使用者理解财务报表至关重要,需要 CPA 在审计报告中提出,但并不影响审计意见。非无保留意见的审计报告包括保留意见的审计报告、否定意见的审计报告和无法发表意见的审计报告。

事项性质、事项影响和注册会计师发表的非无保留意见的关系如表 6-28 所示。

表 6-28　　　　　事项性质、事项影响与非标审计意见

导致发表非无保留意见的事项的性质	这些事项对财务报表产生或可能产生影响的广泛性	
	重大但不具有广泛性	重大且具有广泛性
财务报表存在重大错报	保留意见	否定意见
无法获取充分、适当的审计证据	保留意见	无法表示意见

(二) 制度背景

为了保护投资者利益、降低投资风险,我国上海、深圳的两个证券交易所在其股票上市规则中都做出了"风险警示"的特别处理规定,如:最近两年连续亏损的上市公司,将被交易所进行风险警示,股票名称冠以"*ST"的字样,连续三年亏损将被暂停上市交易。股票被"*ST"或"ST"之后,每日涨跌停限制的幅度为5%,而且由于被"带帽"(即"*ST"或"ST"),会影响投资者的信心及预期,很可能会导致股票价格的下降,公司的声誉也可能会受到影响,因此避免亏损、避免连续亏损成为中国上市公司进行盈余管理的主要动机之一。

(三) 行业背景

酒类上市公司有其不同于其他行业上市公司的特点:一是酒类上市公司的产品成本一般较低,毛利率较高。二是酒类上市公司面临的市场竞争比较激烈,赊销比例较大,销售回款较慢(尤其是非名酒类产品)。

2002 年 HT 酒业所在地白酒市场格局并未得到根本性的改变,竞争依然激烈。2001 年开始,我国财政部、国税总局将对白酒从价计税方法调整为从价与从量相结合的计税方法,税制调整促使市场竞争更加白热化。国家出台调整白酒税收政策的目的是"扶优限劣、扶大限小",旨在通过税收杠杆的调节,使白酒

企业逐步走上规模化、集团化发展的道路。从理论上说，生产高端产品的优势企业可从中受益。可就现有结果看，行业"洗牌"尚未使得益的一方脱颖而出。从这一点上说，税制调整的另一个负面影响，还表现为行业利润率整体下滑。利润率的下降，在一定程度上加剧了白酒行业的市场竞争，并间接导致生产成本的增加。各白酒企业为消化税收政策的负面影响，纷纷告别追求产量最大化的方针，转变为力求提高产品的质量和含金量，增加高附加值的产品，满足市场对优质高档白酒的需求。这种转变又加剧白酒行业高端市场的竞争。

（四）案例分析要点/解决问题的可选方案与评价

1. 你认为 HT 酒业在 2002 年变更坏账准备计提比例的原因是什么？

方案1：HT 酒业在 2002 年变更坏账准备计提比例是为了提高会计信息质量的恰当做法。

方案1解释：HT 酒业在 2002 年可以降低坏账准备的计提比例，理由是：该公司改变了赊销策略，加强了销售回款的控制，要求销售公司在一年内尽快回款。

方案2：HT 酒业在 2002 年变更坏账准备计提比例是出于避亏动机的盈余管理。

方案2解释：

（1）HT 酒业 2002 年业绩虚盈实亏。公司在 2002 年实现利润总额为 857 万元，净利润为 217 万元，扣除坏账准备计提比例变更增加的利润后，公司 2002 年的利润总额实际为亏损 601 万元。

（2）HT 酒业面临的市场竞争严峻，近两年业绩逐渐下滑。该公司产品为酒类，市场竞争激烈，国内名气不高，销售大部分在省内市场。从公司近几年的财务数据变化趋势来看，收入、业绩均处于下滑趋势，而且经营活动现金流连续为负。

（3）公司财务报告因为坏账事宜被出具非标审计意见。一般而言，上市公司很少会从改善信息质量的角度主动进行会计政策或会计估计的变更，其变更通常另有目的。一旦发生变更，必须进行对外公告，而且变更会成为 CPA 和监管机构审核的重点。通常来讲，只有更稳健的变更（变更后利润更少）才更容易被 CPA 和监管机构接受。公司不顾与 CPA 意见的分歧而进行会计估计变更，其避免亏损的盈余管理目的较为明显。

2. 针对 HT 酒业的具体情况，你认为该公司在 2002 年是否可以变更坏账准备计提的比例？为什么？

方案1：可以变更。

方案1解释：公司在2002年改变了赊销策略，加强了销售回款的控制，因此，各个账龄期的应收账款回款会得以改善。

方案2：不能变更。

方案2解释：

（1）加强应收账款及坏账管理的具体措施不清晰。HT酒业尽管在2002年提出"改变了赊销策略，加强了销售回款的控制，要求销售公司在一年内尽快回款"。但是，具体采用了各种有效策略？制定了何种有效制度？并未明确提出。而且，从董事会报告来看，公司由于新开发"本色"系列酒，实际上更加放宽了信用条件，进一步增加了应收账款的坏账风险。

（2）缺乏实际坏账降低情况的客观数据。如果要降低应收账款坏账率，那么需要近几年实际发生坏账下降的客观数据佐证。公司详细描述了最近2年其所发生的应收账款发生及回收情况，但并未给出具体坏账的发生情况。而且，公司变更后的1年内应收账款坏账率降为0，此激进程度无论是在哪个行业都令人难以置信，尤其是在酒类行业，更是明显的错误。

（3）变更后的坏账率与同行相比存在较大差异。除了证明自身的实际情况发生了重大变化外，上市公司在进行会计估计变更时，无论是其自身还是分析师通常会与其同行进行比较，以判断公司所采用的会计处理方法是否公允。HT酒业并未拿出同行的数据进行说明。本人通过查阅其他同行公司的年报，对其坏账率进行了比较，具体如表6-29所示。

表6-29 坏账计提对比表 （%）

公司	1年以内	1~2年	2~3年	3~4年	4~5年	5年以上
HT酒业2002	0	5	10	30	50	100
HT酒业2001	5	10	30	50	80	100
泸州老窖	5	10	20	40	80	100
五粮液	5	10	15	20	20	20
湘酒鬼	5	10	15	30	30	50
沱牌曲酒	5	10	30	60	60	60

从表6-29可以看出，除5年以上的应收账款外，HT酒业其他5个期间的应收账款坏账计提比例都过于激进，与变更前、酒类同行形成了明显的差异，难以令人信服。

3. 会计估计变更导致的利润差异，你认为应该作为经常性损益还是非经常性损益？

方案1：经常性损益。

方案 1 解释：对于会计估计变更，会计准则要求采用未来适用法，而且我国现行准则并未针对会计估计变更当年由于会计估计变化导致的与原会计估计产生的差异如何处理进行明确规定。因此，会计估计变更产生的差异性损益自然的进入了原会计科目中，本案例中，由于坏账准备比例变化导致的差异 1 458 万元，无需进行额外的会计处理，在 2002 年自然进入"管理费用"项目中（注：2006 年之前的会计准则与制度要求企业计提的坏账准则进入管理费用），而管理费用自然为一项经常性损益。

方案 2：非经常性损益。

方案 2 解释：

（1）坏账估计的变化是偶发事项。会计估计变更具有偶然性，企业不可能每年都进行会计估计变更。因此，在发生会计估计变更的当年，现有会计估计与原会计估计之间的差异应该属于非经常性损益，不应计入到经常性损益（营业利润）中。否则，就会曲解企业的利润真貌，影响投资者的有效决策。

（2）墨守"交易事项—会计科目—财务报表"的报告生成程序是一种理念上的错误。我国上市公司才编制财务报告时，在某些方面"实质重于形式"，使得财务报告的有用性得以提高，如"一年内到期的非流动负债"、报表中"其他……"项目的列报等。然而，多数报表数字的产生还是依据"交易事项—会计科目—财务报表"的传统报告生成程序。这一程序使得一些项目的列报会影响投资者等的决策有用性。现有会计科目体系下，有些属于非经常性损益的项目却包含在经常性损益（营业利润）项目中，不够合理，因此，证监会出台了非经常性损益披露规范对此进行要求。从性质上而言，会计估计变更产生的利润差异属于偶发的事项，如果按照现行准则列入营业利润中，会给投资者等信息使用者传递错误的信息，影响有效决策。所以，会计估计变更产生的利润差异应该列示与非经常性损益之中。

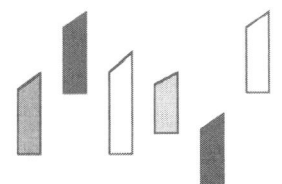

主要参考文献

[1] 曹琼、卜华、杨玉凤、刘春艳:"盈余管理、审计费用与审计意见",《审计研究》,2013年第6期。

[2] 曾伟强、李延喜、张婷婷、马壮:"行业竞争是外部治理机制还是外部诱导因素——基于中国上市公司盈余管理的经验证据",《南开管理评论》,2016年第4期。

[3] 陈克兢:"媒体监督、法治水平与上市公司盈余管理",《管理评论》,2017年第7期。

[4] 陈宋生、赖娇:"ERP系统、股权结构与盈余质量关系",《会计研究》,2013年第5期。

[5] 戴志敏、楼杰云:"半强制分红政策影响了再融资企业的盈余管理吗?",《华东经济管理》,2016年第9期。

[6] 邓晓岚、陈运森、陈栋:"审计委员会与薪酬委员会委员交叠任职、盈余管理与经理人薪酬",《审计研究》,2014年第6期。

[7] 杜兴强、赖少娟、裴红梅:"女性高管总能抑制盈余管理吗?——基于中国资本市场的经验证据",《会计研究》,2017年第1期。

[8] 傅绍正、毕晓方、张俊民:"会计师事务所组织形式、盈余管理与IPO折价",《财经理论与实践》,2016年第2期。

[9] 黄芳、李高奎、郭耕愚:"独立董事本地化能提高公司盈余质量吗?——来自2010—2013年A股上市公司经验证据",《经济与管理》,2016年第5期。

[10] 黄海杰、吕长江、丁慧:"独立董事声誉与盈余质量——会计专业独董的视角",《管理世界》,2016年第3期。

[11] 黄艺翔、姚铮:"企业是出于道德意识履行社会责任吗",《山西财经大学学报》,2015年第7期。

[12] 贾巧玉、周嘉南："交叉上市企业应计盈余管理和真实盈余管理研究"，《管理科学》，2016年第3期。

[13] 姜付秀、朱冰、唐凝"CEO和CFO任期交错是否可以降低盈余管理？"，《管理世界》，2013年第1期。

[14] 姜付秀、石贝贝、李行天："'诚信'的企业诚信吗？——基于盈余管理的经验证据"，《会计研究》，2015年第8期。

[15] 李春涛、王立威、吕勇斌："分析师跟踪、金融发展与企业盈余管理：来自中国上市公司的证据"，《产业经济评论》，2017年第1期。

[16] 李胜楠、蒋敏、都琳："盈余管理能否帮助公司摆脱融资约束困境"，《现代财经（天津财经大学学报）》，2016年第8期。

[17] 李晓玲、刘中燕："CFO持股对上市公司盈余管理的影响"，《中南财经政法大学学报》，2016年第1期。

[18] 李钻、刘琪、周艳丽："基于社会责任与盈余管理关系的企业社会责任动机分析"，《统计与决策》，2017年第10期。

[19] 林永坚、王志强："国际'四大'的审计质量更高吗？——来自中国上市公司的经验证据"，《财经研究》，2013年第6期。

[20] 刘睿智："人口统计学特征、高管薪酬与盈余管理"，《财经问题研究》，2017年第5期。

[21] 刘文军："会计师事务所执业质量检查提高审计质量了吗？"，《审计研究》，2016年第6期。

[22] 刘运国、刘梦宁："雾霾影响了重污染企业的盈余管理吗？——基于政治成本假说的考察"，《会计研究》，2015年第3期。

[23] 路军伟、马威伟、李奇凤："审计师会选择性地抑制盈余管理吗？——基于对非经常性损益盈余管理的实证检验"，《经济管理》，2015年第11期。

[24] 路军伟、马威伟："非经常性损益、隐蔽空间与上市公司盈余管理——来自沪深A股市场2009～2013年的经验证据"，《山西财经大学学报》，2015年第5期。

[25] 吕怀立："债券融资、关系型承销与上市企业盈余质量"，《财经论丛》，2017年第1期。

[26] 马榕、石晓军："中国债券信用评级结果具有甄别能力吗？——基于盈余管理敏感性的视角"，《经济学（季刊）》，2016年第1期。

[27] 潘珺、余玉苗："审计委员会履职能力、召集人影响力与公司财务报告质量"，《南开管理评论》，2017年第1期。

[28] 史鲁豫:"我国亏损上市公司第四季度盈余管理研究",《财经问题研究》,2016年第S2期。

[29] 苏文兵、吕晶晶、王蓉蓉:"CEO变更、继任来源与盈余管理",《财经论丛》,2013年第5期。

[30] 王俊秋、张丹彧:"企业的盈余管理策略在迎合投资者情绪吗?——来自中国上市公司的经验证据",《华东理工大学学报(社会科学版)》,2017年第1期。

[31] 王晓珂、王艳艳、于李胜、赵玉萍、张震宇:"审计师个人经验与审计质量",《会计研究》,2016年第9期。

[32] 王云、李延喜、宋金波、马壮:"企业生命周期视角下盈余管理方式研究——基于债务契约理论",《管理评论》,2016年第12期。

[33] 吴德军、郭慧敏、郭飞:"政治成本与盈余管理的'不对称性'——基于煤电联动政策的视角",《会计研究》,2016年第8期。

[34] 吴德军:《高管变更对盈余质量的影响研究》,大连出版社2009年。

[35] 吴德军:"公司盈余质量分析:理论与方法",《会计论坛》,2009年第2期。

[36] 吴德军:"盈余管理、盈余操纵与盈余质量",《财会月刊》,2009年第36期。

[37] 吴德胜、王栋:"中国业绩型股权激励公告前的盈余操纵",《审计与经济研究》,2015年第5期。

[38] 谢德仁、廖珂、郑登津:"控股股东股权质押与开发支出会计政策隐性选择",《会计研究》,2017年第3期。

[39] 杨俊杰、曹国华:"CEO声誉、盈余管理与投资效率",《软科学》,2016年第11期。

[40] 杨克智:"其他综合收益、信息透明度与盈余管理",《中央财经大学学报》,2016年第8期。

[41] 杨星、吴璇、田高良:"定向增发与盈余管理——一个基于增发股锁定期差异的跨期分析",《山西财经大学学报》,2016年第12期。

[42] 游春晖、厉国威:"盈余管理是高管减持的前奏吗",《财经论丛》,2014年第2期。

[43] 袁蓉丽、张馨艺、胡天雨、孙健:"上市公司ERP系统实施和盈余质量",《审计研究》,2017年第2期。

[44] 张会丽、郑柳明:"金融资产初始分类与上市公司盈余管理",《证券市场导报》,2013年第10期。

［45］郑朝晖：《财报粉饰面对面》，机械工业出版社 2015 年。

［46］Abbyabbie, J, C. Lin, and M. P. Loeb. 1993. Initial Public Offerings Accounting Choices and Earnings Management. Contemporary Accounting Research, 10 (1): 61 – 81.

［47］Adut, D. , A. D. Holder, and A. Robin. 2013. Predictive versus Opportunistic Earnings Management, Executive Compensation, and Firm Performance. Journal of Accounting and Public Policy, 32 (3): 126 – 146.

［48］Aerts, W. , and P. Cheng. 2011. Causal Disclosures on Earnings and Earnings Management in an IPO Setting. Journal of Accounting and Public Policy, 30 (5): 431 – 459.

［49］Ali, A. , and W. Zhang. 2015. CEO Tenure and Earnings Management. Journal of Accounting and Economics, 59 (1): 60 – 79.

［50］An, H. , Y. W. Lee, and T. Zhang. 2014. Do Corporations Manage Earnings to Meet/Exceed Analyst Forecasts? Evidence from Pension Plan Assumption Changes. Review of Accounting Studies, 19 (2): 698 – 735.

［51］An, Z. , D. Li, and J. Yu. 2016. Earnings Management, Capital Structure, and the Role of Institutional Environments. Journal of Banking and Finance, 68: 131 – 152.

［52］Armstrong, C. S. , D. F. Larcker, G. Ormazabal, and D. J. Taylor. 2013. The Relation Between Equity Incentives and Misreporting: The Role of Risk – Taking Incentives. Journal of Financial Economics, 109 (2): 327 – 350.

［53］Badertscher, B. A. 2011. Overvaluation and the Choice of Alternative Earnings Management Mechanisms. The Accounting Review, 86 (5): 1491 – 1518.

［54］Badolato, P. G. , D. C. Donelson, and M. Ege. 2014. Audit Committee Financial Expertise and Earnings Management: The Role of Status. Journal of Accounting and Economics, 58 (2 – 3): 208 – 230.

［55］Baik, Y. , B. Kwak, and J. Lee. 2011. Deregulation and Earnings Management: the Case of the U. S. Airline Industry. Journal of Accounting and Public Policy, 30 (6): 589 – 606.

［56］Barua, A. , S. Lin, and A. M. Sbaraglia. 2010. Earnings Management Using Discontinued Operations. The Accounting Review, 85 (5): 1485 – 1509.

［57］Bar – Yosef, S. , and A. Prencipe. 2013. The Impact of Corporate Governance and Earnings Management on Stock Market Liquidity in a Highly Concentrated Ownership Capital Market. Journal of Accounting, Auditing and Finance, 28 (3): 292

-316.

[58] Ben-Nasr, H., N. Boubakri, and J. Cosset. 2015. Earnings Quality in Privatized Firms: The Role of State and Foreign Owners. Journal of Accounting and Public Policy, 34 (4): 392-416.

[59] Blanco, B., J. M. G. Lara, and J. Tribó. 2014. The Relation between Segment Disclosure and Earnings Quality. Journal of Accounting and Public Policy, 33 (5): 449-469.

[60] Blaylock, B., F. Gaertner, and T. Shevlin. 2015. The Association between Book-Tax Conformity and Earnings Management. Review of Accounting Studies, 20 (1): 141-172.

[61] Brown, K. E. 2015. Ex Ante Severance Agreements and Earnings Management. Contemporary Accounting Research, 32 (3): 897-940.

[62] Brown, K., V. Y. S. Chen, and M. Kim. 2015. Earnings Management through Real Activities Choices of Firms near the Investment-Speculative Grade Borderline. Journal of Accounting and Public Policy, 34 (1): 74-94.

[63] Brown, N. C., C. Pott, and A. Wömpener. 2014. The Effect of Internal Control and Risk Management Regulation on Earnings Quality: Evidence from Germany. Journal of Accounting and Public Policy, 33 (1): 1-31.

[64] Brown, T. J. 2014. Advantageous Comparison and Rationalization of Earnings Management. Journal of Accounting Research, 52 (4): 849-876.

[65] Burnett, B. M., B. M. Cripe, G. W. Martin, and B. P. Mcallister. 2012. Audit Quality and the Trade-Off between Accretive Stock Repurchases and Accrual-Based Earnings Management. The Accounting Review, 87 (6): 1861-1884.

[66] Bushman, R. M., A. Lerman, and X. F. Zhang. 2016. The Changing Landscape of Accrual Accounting. Journal of Accounting Research, 54 (1): 41-78.

[67] Call, A. C., S. Chen, B. Miao, Y. H. Tong. 2014. Short-Term Earnings Guidance and Accrual-Based Earnings Management. Review of Accounting Studies, 19 (2): 955-987.

[68] Cang, Y., Y. Chu, and T. W. Lin. 2014. An Exploratory Study of Earnings Management Detectability, Analyst Coverage and the Impact of IFRS Adoption: Evidence from China. Journal of Accounting and Public Policy, 33 (4): 356-371.

[69] Cazier, R., S. Rego, X. Tian, and R. Wilson. 2015. The Impact of Increased Disclosure Requirements and the Standardization of Accounting Practices on Earnings Management through the Reserve for Income Taxes. Review of Accounting

Studies, 20 (1): 436 – 469.

[70] Chahine, S., S. Mansi, and M. Mazboudi. 2015. Media News and Earnings Management Prior to Equity Offerings. Journal of Corporate Finance, 35: 177 – 195.

[71] Chalmers, K., V. Naiker, and F. Navissi. 2012. Earnings Quality and Rule 10b – 5 Securities Class Action Lawsuits. Journal of Accounting and Public Policy, 31 (1): 22 – 43.

[72] Chan, D. K., and J. J. Gao. 2014. Earnings Management, Incentive Contracts and Private Information Acquisition. Journal of Accounting and Public Policy, 33 (6): 529 – 550.

[73] Chan, L. H., K. C. W. Chen, T. Y. Chen, and Y. Yu. 2015. Substitution between Real and Accruals – Based Earnings Management after Voluntary Adoption of Compensation Clawback Provisions. The Accounting Review, 90 (1): 147 – 174.

[74] Chan, L. H., K. C. W. Chen, T. Chen, and Y. Yu. 2012. The Effects of Firm – Initiated Clawback Provisions on Earnings Quality and Auditor Behavior. Journal of Accounting and Economics, 54 (2 – 3): 180 – 196.

[75] Chen, M. K. 2013. The Effect of Language on Economic Behavior: Evidence from Savings Rates, Health Behaviors, and Retirement Assets. The American Economic Review, 103 (2): 690 – 731.

[76] Chen, Q., K. Kelly, and S. E. Salterio. 2012. Do Changes in Audit Actions and Attitudes Consistent with Increased Auditor Scepticism Deter Aggressive Earnings Management? An Experimental Investigation. Accounting, Organizations and Society, 37 (2): 95 – 115.

[77] Chen, X., Q. Cheng, and X. Wang. 2015. Does Increased Board Independence Reduce Earnings Management? Evidence from Recent Regulatory Reforms. Review of Accounting Studies, 20 (2): 899 – 933.

[78] Chen, Y., and J. S. Soileau. 2014. Does Pedigree Matter? Earnings Quality of U. S. Listed Domestic Firms via Reverse Mergers. Journal of Accounting and Public Policy, 33 (6): 573 – 595.

[79] Chiu, P., S. H. Teoh, F. Tian. 2013. Board Interlocks and Earnings Management Contagion. The Accounting Review, 88 (3): 915 – 944.

[80] Cho, S. Y., and K. D. Sachs. 2012. Earnings Management and Deregulation: The Case of Motor Carriers. Journal of Accounting and Public Policy, 31 (5): 451 – 470.

[81] Choi, J. J., C. X. Mao, and A. D. Upadhyay. 2015. Earnings Management and Derivative Hedging with Fair Valuation: Evidence from the Effects of FAS 133. The Accounting Review, 90 (4): 1437 – 1467.

[82] Choudhary, P. 2011. Evidence on Differences between Recognition and Disclosure: A Comparison of Inputs to Estimate Fair Values of Employee Stock Options. Journal of Accounting and Economics, 51 (1 – 2): 77 – 94.

[83] Cohen, D, M. N. Darrough, R. Huang, and T. Zach. 2011. Warranty Reserve: Contingent Liability, Information Signal, or Earnings Management Tool? The Accounting Review, 86 (2): 569 – 604.

[84] Das, S., K. Kim, and S. Patro. 2011. An Analysis of Managerial Use and Market Consequences of Earnings Management and Expectation Management. The Accounting Review, 86 (6): 1935 – 1968.

[85] Datta, S., M. Iskandar – Datta, and V. Singh. 2013. Product Market Power, Industry Structure, and Corporate Earnings Management. Journal of Banking and Finance, 37 (8): 3273 – 3285.

[86] Dechow, P. M., A. P. Hutton, J. H. Kim, and R. G. Sloan. 2012. Detecting Earnings Management: A New Approach. Journal of Accounting Research, 50 (2): 275 – 334.

[87] Dechow, P., W. Ge, and C. Schrand. 2010. Understanding Earnings Quality: A Review of the Proxies, their Determinants and their Consequences. Journal of Accounting and Economics, 50 (2 – 3): 344 – 401.

[88] DeFond, M. L. 2010. Earnings Quality Research: Advances, Challenges and Future Research. Journal of Accounting and Economics, 50 (2 – 3): 402 – 409.

[89] Defond, M. L., and J. Jiambalvo. 1994. Debt covenant violation and manipulation of accruals. Journal of Accounting and Economics, 17 (1 – 2): 145 – 176.

[90] Degeorge, F., Y. Ding, T. Jeanjean, and H. Stolowy. 2013. Analyst Coverage, Earnings Management and Financial Development: An International Study. Journal of Accounting and Public Policy, 32 (1): 1 – 25.

[91] Demerjian, P. R., B. Lev, M. F. Lewis, and S. E. McVay. 2013. Managerial Ability and Earnings Quality. The Accounting Review, 88 (2): 463 – 498.

[92] Desai, M. 2005. The degradation of reported corporate profits. Journal of Economic Perspectives, 19 (4): 171 – 192.

[93] Dichev, I. D., J. R. Graham, C. R. Harvey, and S. Rajgopal. 2013. Earnings Quality: Evidence from the Field. Journal of Accounting and Economics, 56

(2): 1 -33.

[94] Donelson, D. C., J. M. Mcinnis, and R. D. Mergenthaler. 2013. Discontinuities and Earnings Management: Evidence from Restatements Related to Securities Litigation. Contemporary Accounting Research, 30 (1): 242 -268.

[95] Dou, Y., M. Khan, and Y. Zou. 2016. Labor Unemployment Insurance and Earnings Management. Journal of Accounting and Economics, 61 (1): 166 -184.

[96] Doukakis, L. C. 2014. The Effect of Mandatory IFRS Adoption on Real and Accrual - Based Earnings Management Activities. Journal of Accounting and Public Policy, 33 (6): 551 -572.

[97] Du, N., J. Ronen, and J. Ye. 2015. Auditors' Role in China: The Joint Effects of Guanxi and Regulatory Sanctions on Earnings Management. Journal of Accounting, Auditing and Finance, 30 (4): 461 -483.

[98] Duellman, S., A. S. Ahmed, and A. M. Abdel - Meguid. 2013. An Empirical Analysis of the Effects of Monitoring Intensity on the Relation between Equity Incentives and Earnings Management. Journal of Accounting and Public Policy, 32 (6): 495 -517.

[99] Dutta, S., and Q. Fan. 2014. Equilibrium Earnings Management and Managerial Compensation in a Multiperiod Agency Setting. Review of Accounting Studies, 19 (3): 1047 -1077.

[100] Dyreng, S. D., M. Hanlon, and E. L. Maydew. 2012. Where Do Firms Manage Earnings?. Review of Accounting Studies, 17 (3): 649 -687.

[101] Eldenburg, L. G., K. A. Gunny, K. W. Hee, and N. Soderstrom. 2011. Earnings Management Using Real Activities: Evidence from Nonprofit Hospitals. The Accounting Review, 86 (5): 1605 -1630.

[102] Elitzur, R. 2011. The Accounting Art of War: Bounded Rationality, Earnings Management and insider Trading. Journal of Accounting and Public Policy, 30 (3): 203 -216.

[103] Evans, M. E., R. W. Houston, M. F. Peters, and J. H. Pratt. 2015. Reporting Regulatory Environments and Earnings Management: U. S. and Non - U. S. Firms Using U. S. GAAP or IFRS. The Accounting Review, 90 (5): 1969 -1994.

[104] Fan, Y., A. Barua, W. M. Cready, and W. B. Thomas. 2010. Managing Earnings Using Classification Shifting: Evidence from Quarterly Special Items. The Accounting Review, 85 (4): 1303 -1323.

[105] Fang, V. W., A. H. Huang, and J. M. Karpoff. 2015. Short Selling

and Earnings Management: A Controlled Experiment. The Journal of Finance, 71 (3): 1251 – 1294.

[106] Feng, M., W. Ge, S. Luo, and T. Shevlin. 2011. Why do CFOs Become Involved in Material Accounting Manipulations?. Journal of Accounting and Economics, 51 (1 – 2): 21 – 36.

[107] Fornaro, J. M., and H. Huang. 2012. Further Evidence of Earnings Management and Opportunistic Behavior with Principles – Based Accounting Standards: The Case of Conditional Asset Retirement Obligations. Journal of Accounting and Public Policy, 31 (2): 204 – 225.

[108] Franz, D. R., H. R. HassabElnaby, and G. J. Lobo. 2014. Impact of Proximity to Debt Covenant Violation on Earnings Management. Review of Accounting Studies, 19 (1): 473 – 505.

[109] Fung, S. Y., L. N. Su, and R. J. Gul. 2013. Investor Legal Protection and Earnings Management: A study of Chinese H – shares and Hong Kong shares. Journal of Accounting and Public Policy, 32 (5): 392 – 409.

[110] Geiger, M. A., and D. S. North. 2006. Does Hiring a New CFO Change Things? An Investigation of Changes in Discretionary Accruals. The Accounting Review, 81 (4): 781 – 809.

[111] Givoly, D., C. K. Hayn, and S. P. Katz. 2010. Does Public Ownership of Equity Improve Earnings Quality? The Accounting ReviewJanuary, 85 (1): 195 – 225.

[112] Gopalan, R., and S. Jayaraman. 2012. Private Control Benefits and Earnings Management: Evidence from Insider Controlled Firms. Journal of Accounting Research, 50 (1): 117 – 157.

[113] Graham, J. R., J. S. Raedy, and D. A. Shackelford. 2012. Research in Accounting for Income Taxes. Journal of Accounting and Economics, 53 (1 – 2): 412 – 434.

[114] Guanming, He. 2015. The Effect of CEO inside Debt Holdings on Financial Reporting Quality. Review of Accounting Studies, 20 (1): 501 – 536.

[115] Gunny, K. A., J. Jacob, B. N. Jorgensen. 2012. Implications of the Integral Approach and Earnings Management for Alternate Annual Reporting Periods. Review of Accounting Studies, 18 (3): 868 – 891.

[116] Hazarika, S., J. M. Karpoff, and R. Nahata. 2012. Internal Corporate Governance, CEO Turnover, and Earnings Management. Journal of Financial Econom-

ics, 104 (1): 44 – 69.

[117] Healy, P., G. Serafeim, S. Srinivasan, and G. Yu. 2014. Market Competition, Earnings Management, and Persistence in Accounting Profitability around the World. Review of Accounting Studies, 19 (4): 1 281 – 1 308.

[118] Healy, P. M., J. M. Wahlen. 1999. A Review of the Earnings Management Literature and its Implications for Standard Setting. Social Science Electronic Publishing, 13 (4): 365 – 383.

[119] Heflin, F., W. Kross, and I. Suk. 2012. The Effect of Regulation FD on the Properties of Management Earnings Forecasts. Journal of Accounting and Public Policy, 31 (2): 161 – 184.

[120] Higgins, H. N. 2013. Do Stock – For – Stock Merger Acquirers Manage Earnings? Evidence from Japan. Journal of Accounting and Public Policy, 32 (1): 44 – 70.

[121] Hossain, M., S. Mitra, Z. Rezaee, and B. Sarath. 2011. Corporate Governance and Earnings Management in the Pre – and Post – Sarbanes – Oxley Act Regimes: Evidence from Implicated Option Backdating Firms. Journal of Accounting, Auditing and Finance, 26 (2): 279 – 315.

[122] Hou, Q., Q. Jin, R. Yang, H. Yuan, and G. Zhang. 2015. Performance Commitments of Controlling Shareholders and Earnings Management. Contemporary Accounting Research, 32 (3): 1099 – 1127.

[123] Hribar, N. Jenkins, and W. B. Johnson. 2006. Stock Repurchases as an Earnings Management Device. Journal of Accounting and Economics, 41 (1): 3 – 27.

[124] Hwang, N. R., J. Chiou, and Y. Wang. 2013. Effect of Disclosure Regulation on Earnings Management through Related – Party Transactions: Evidence from Taiwanese Firms Operating in China. Journal of Accounting and Public Policy, 32 (4): 292 – 313.

[125] Ibrahim, S., and C. Lloyd. 2011. The Association between Non – Financial Performance Measures in Executive Compensation Contracts and Earnings Management. Journal of Accounting and Public Policy, 30 (3): 256 – 274.

[126] Jackson, S. B., and X. Liu. 2010. The Allowance for Uncollectible Accounts, Conservatism, and Earnings Management. Journal of Accounting Research, 48 (3): 565 – 601.

[127] Kim, J., Y. Kim, and J. Zhou. 2017. Languages and Earnings Management. Journal of Accounting and Economics, 63 (2): 88 – 306.

[128] Jha, A. 2013. Earnings Management around Debt – Covenant Violations – An Empirical Investigation Using a Large Sample of Quarterly Data. Journal of Accounting, Auditing and Finance 28 (4): 369 – 396.

[129] Chi, J. D., and M. Gupta. 2009. Overvaluation and Earnings Management. Journal of Banking and Finance, 33 (9): 1 652 – 1 663.

[130] Jones J. 1991. Earnings Management during Import Relief Investigations. Journal of Accounting Research, 29 (2): 193 – 228.

[131] Jong, A., G. Mertens, M. Poel, and R. Dijk. 2014. How Does Earnings Management Influence Investor's Perceptions of Firm Value? Survey Evidence From Financial Analysts. Review of Accounting Studies, 19 (2): 606 – 627.

[132] Kalelkar, R., and E. T. Nwaeze. 2011. Sarbanes – Oxley Act and the Quality of Earnings and Accruals: Market – Based Evidence. Journal of Accounting and Public Policy, 30 (3): 275 – 294.

[133] Kanagaretnam, K., C. Y. Lim, and G. J. Lobo. 2014. Effects of International Institutional Factors on Earnings Quality of Banks. Journal of Banking and Finance, 39 (1): 87 – 106.

[134] Kanagaretnam, K., G. J. Lobo, and C. Wang. 2015. Religiosity and Earnings Management: International Evidence from the Banking Industry. Journal of Business Ethics, 132 (2): 277 – 296.

[135] Kedia, S., K. Koh, and S. Rajgopal. 2015. Evidence on Contagion in Earnings Management. The Accounting Review, 90 (6): 2337 – 2373.

[136] Kim, J. W., and Y. Shi. 2011. Voluntary Disclosure and the Cost of Equity Capital: Evidence from Management Earnings Forecasts. Journal of Accounting and Public Policy, 30 (4): 348 – 366.

[137] Kim, J., and B. C. Sohn. 2013. Real Earnings Management and Cost of Capital. Journal of Accounting and Public Policy, 32 (6): 518 – 543.

[138] Kim, Y., and M. S. Park. 2014. Real Activities Manipulation and Auditors' Client – Retention Decisions. The Accounting Review, 89 (1): 367 – 401.

[139] Kim, Y., M. S. Park, and B. Wier. 2012. Is Earnings Quality Associated with Corporate Social Responsibility?. The Accounting Review, 87 (3): 761 – 796.

[140] Kothari, S. P., N. Mizik, and S. Roychowdhury. 2016. Managing for the Moment: The Role of Earnings Management via Real Activities versus Accruals in SEO Valuation. The Accounting Review, 91 (2): 559 – 586.

[141] Lee, G., and R. W. Masulis. 2011. Do More Reputable Financial Institutions Reduce Earnings Management by IPO Issuers? Journal of Corporate Finance, 17 (4): 982 – 1000.

[142] Libby, R., K. M. Rennekamp, and N. Seybert. 2015. Regulation and the Interdependent Roles of Managers, Auditors, and Directors in Earnings Management and Accounting Choice. Accounting, Organizations and Society, 47: 25 – 42.

[143] Lin, S., W. Riccardi, and C. Wang. 2012. Does Accounting Quality Change Following a Switch from U. S. GAAP to IFRS? Evidence from Germany. Journal of Accounting and Public Policy, 31 (6): 641 – 657.

[144] Lisic, L. L. 2014. Auditor – Provided Tax Services and Earnings Management in Tax Expense: The Importance of Audit Committees. Journal of Accounting, Auditing and Finance, 29 (3): 340 – 366.

[145] Lo, A. W. Y., and R. M. K. Wong. 2011. An Empirical Study of Voluntary Transfer Pricing Disclosures in China. Journal of Accounting and Public Policy, 30 (6): 607 – 628.

[146] Luippold, B. L., T. Kida, M. D. Piercey, and J. F. Smith. 2015. Managing Audits to Manage Earnings: The Impact of Diversions on an Auditor's Detection of Earnings Management. Accounting, Organizations and Society, 41: 39 – 54.

[147] Mao. Y., and L. Renneboog. 2015. Do Managers Manipulate Earnings Prior to Management Buyouts? . Journal of Corporate Finance, 35: 43 – 61.

[148] McGuire, S. T., T. C. Omer, and N. Y. Sharp. 2012. The Impact of Religion on Financial Reporting Irregularities. The Accounting Review, 87 (2): 645 – 673.

[149] McInnis, J., and D. W. Collins. 2011. The Effect of Cash Flow Forecasts on Accrual Quality and Benchmark Beating. Journal of Accounting and Economics, 51 (3): 219 – 239.

[150] Nagar, N., and S. Radhakrishnan. 2017. Firm Life Cycle and Real – Activity Based Earnings Management. https://papers.ssrn.com/sol3/papers.cfm? abstract_ id = 2701680.

[151] Nelson, M. W., and D. J. Skinner. 2013. How Should We Think about Earnings Quality? A Discussion of "Earnings Quality: Evidence from the Field", Journal of Accounting and Economics, 56 (2 – 3): 34 – 41.

[152] Healy, P. M. 1985. The Effect of Bonus Schemes on Accounting Decisions. Journal of Accounting and Economics, 7 (1 – 3): 85 – 107.

[153] Peng, E. Y. 2011. Accruals Quality and the Incentive Contracting Role of Earnings, Journal of Accounting and Public Policy, 30 (5): 460 – 480.

[154] Prencipe, A., and S. Bar – Yosef. 2011. Corporate Governance and Earnings Management in Family – Controlled Companies. Journal of Accounting, Auditing and Finance, 26 (2): 199 – 227.

[155] Prior, D., J. Surroca, and J. A. Tribó. 2008. Are Socially Responsible Managers Really Ethical? Exploring the Relationship between Earnings Management and Corporate Social Responsibility. Corporate Governance: An International Review, 16 (3): 160 – 177.

[156] Rajgopal, S., and M. Venkatachalam. 2011. Financial Reporting Quality and Idiosyncratic Return Volatility. Journal of Accounting and Economics, 51 (1 – 2): 1 – 20.

[157] Rose, J. M., C. R. Mazza, C. S. Norman, and A. M. Rose. 2013. The Influence of Director Stock Ownership and Board Discussion Transparency on Financial Reporting Quality. Accounting, Organizations and Society, 38 (5): 397 – 405.

[158] Roychowdhury, S. 2006. Earnings Management through Real Activities Manipulation. Journal of Accounting and Economics, 42 (3): 335 – 370.

[159] Kaaya, I. D. 2015. The Impact of International Financial Reporting Standards (IFRS) on Earnings Management: A Review of Empirical Evidence. Journal of Finance and Accounting, 3 (3): 57 – 65.

[160] Schrand, C. M., and S. L. C. Zechman. 2012. Executive Overconfidence and the Slippery Slope to Financial Misreporting. Journal of Accounting and Economics, 53 (1 – 2): 311 – 329.

[161] Shi, G., J. Sun, and R. Luo. 2015. Geographic Dispersion and Earnings Management. Journal of Accounting and Public Policy, 34 (5): 490 – 508.

[162] Shust, E. 2015. Does Research and Development Activity Increase Accrual – Based Earnings Management? Journal of Accounting, Auditing and Finance, 30 (3): 373 – 401.

[163] Sohn, B. C. 2016. The Effect of Accounting Comparability on the Accrual – based and Real Earnings Management. Journal of Accounting and Public Policy, 35 (5): 513 – 539.

[164] Srinivasan, S., A. S. Wahid, and G. Yu. 2014. Admitting Mistakes: Home Country Effect on the Reliability of Restatement Reporting. The Accounting Review, 90 (3): 1201 – 1240.

[165] Strobl, G. 2013. Earnings Manipulation and the Cost of Capital. Journal of Accounting Research, 51 (2): 449–473.

[166] Teoh, S. H., T. J. Wong, and G. R. Rao. 1 998. Are Accrual During Initial Public Offerings Opportunistic. Review of Accounting Studies, 3 (1): 175–208.

[167] Trombetta, M., and C. Imperatore. 2014. The Dynamic of Financial Crises and its Non-Monotonic Effects on Earnings Quality. Journal of Accounting and Public Policy, 33 (3): 205–232.

[168] Malmendier, U., and G. Tate. 2009. Superstar CEOs. Quarterly Journal of Economics, 124 (4) : 1593–1638.

[169] Cheng, W., Y. Cheung, and K. Po. 2004. A Note on the Intraday Patterns of Initial Public Offerings: Evidence from Hong Kong. Journal of Business Finance & Accounting, 31 (5–6): 837–860.

[170] Watts, R. L., and J. L. Zimmerman. 1 986. Positive Accounting Theory. Prentice Hall, Inc, Englewood Cliffs.

[171] Wongsunwai, W. 2013. The Effect of External Monitoring on Accrual-Based and Real Earnings Management: Evidence from Venture-Backed Initial Public Offerings. Contemporary Accounting Research, 30 (1): 296–324.

[172] Ye, K. 2014. Independent Director Cash Compensation and Earnings Management. Journal of Accounting and Public Policy, 33 (4): 391–400.

[173] Zang, A. Y. 2012. Evidence on the Trade-Off between Real Activities Manipulation and Accrual-Based Earnings Management. The Accounting Review, 87 (2): 675–703.

[174] Zhao, Y., K. H. Chen, Y. Zhang, and M. Davis. 2012. Takeover Protection and Managerial Myopia: Evidence from Real Earnings Management. Journal of Accounting and Public Policy, 31 (1): 109–135.